Alfred Hettner

Gebirgsbau und Oberflächengestaltung der sächsischen Schweiz

Alfred Hettner

Gebirgsbau und Oberflächengestaltung der sächsischen Schweiz

ISBN/EAN: 9783743427013

Hergestellt in Europa, USA, Kanada, Australien, Japan

Cover: Foto ©ninafisch / pixelio.de

Manufactured and distributed by brebook publishing software (www.brebook.com)

Alfred Hettner

Gebirgsbau und Oberflächengestaltung der sächsischen Schweiz

GEBIRGSBAU UND OBERFLÄCHENGESTALTUNG

DER

SÄCHSISCHEN SCHWEIZ.

VON

DR. ALFRED HETTNER.

Mit einer Karte, einer Figurentafel und sechs Figuren im Text.

STUTTGART.
VERLAG VON J. ENGELHORN.
1887.

Inhalt.

	Seiten
Einleitung	[5] 249

    Landschaftlicher Charakter. Bisherige Untersuchungen. Plan der Arbeit.

I. Orographische und geologische Uebersicht . . . . . [8] 252

    Grenzen und Grösse. Orographischer und geologischer Gegensatz gegen die Nachbargebiete. Das Erzgebirge. Das Elbthalgebirge. Das Lausitzer Bergland.

II. Gliederung und Lagerung der sächsischen Kreidebildungen . . . . [12] 256

    Quadersandstein und Pläner. Gliederungsversuche. Die Auflagerungsfläche des Quadersandsteins auf dem Grundgebirge. Inseln älteren Gesteins, Unregelmässigkeiten der Lagerung zwischen Dresden und Dippoldiswalda. Verwerfung zwischen Cossebaude und Meissen. Unterer und mittlerer Quader und Pläner. Der obere Pläner und die Plänereinlagerung. Der obere Quader und die Mergelschicht. Abwesenheit von Verwerfungen im Innern der sächsischen Schweiz.

III. Die Lausitzer Granitüberschiebung . . . . [21] 265

    Bedeutung und allgemeiner Charakter. Auftreten bei Oberau und Weinböhla. Zwischen Weinböhla und Bonnewitz. Zwischen Bonnewitz und Hohnstein. Zwischen Hohnstein und Hinterhermsdorf. Bei Sternberg, Khaa und Neu-Daubitz. Erklärungsversuche. Art der Dislokation. Sandstein auf der Lausitzer Platte. Betrag der Dislokation.

IV. Die erzgebirgische Bruchlinie und die Bildung der Basaltkegel . . . . [28] 272

    Südrand der sächsischen Schweiz eine Flexur. Beschreibung derselben. Auflagerung der Tertiärschichten und Alter der Flexur. Das böhmische Mittelgebirge. Eigentümliche Lagerungsverhältnisse mancher Basalte. Enthüllung derselben durch Denudation.

V. Der Bau der sächsischen Schweiz . . . . [35] 279

    Paläozoische Faltung und Verwerfungen der Tertiärzeit. Sudetische Dislokationen. Bedeutung der Schichtenneigung. Erzgebirgische Dislokationen. Kombination der beiden Dislokationssysteme. Hebung oder Einbrüche? Faciesbildungen und Mächtigkeit der Kreideablagerungen. Ursprüngliche Oberfläche derselben. Ursprüngliche Verbreitung und Denudation in den Nachbargebieten.

	Seiten
VI. Die quaderförmige Absonderung	[43] 287

Lose und Klüfte; die quaderförmige Absonderung. Richtung der Klüfte. Erklärungsversuche. Entstehung bei der Gebirgsbildung.

VII. Verwitterung und Abtragung	[46] 290

Die geognostische Zusammensetzung der sächsischen Schweiz. Wasserführung und Quellen. Mechanischer Charakter der Verwitterung. Sandbildung. Transport des Sandes. Leisten, abgerundete Felsblöcke, Karrenbildungen. Löcher, Höhlen und Ueberhänge. Thore u. dgl. Zersprengung der Sandsteinblöcke. Ablösung derselben. Gestalt der Felswände. Bildung von Rissen und Schluchten. Felspfeiler. Der Fusskegel. Grösse der Schuttbildung und Abtragung. Rückverlegung der Felswand. Einfluss der Höhe und Gestalt der Wand und der Lage der Platte. Einfluss der Stärke der Verwitterung und der Wassermenge. Einfluss der Schichtenneigung.

VIII. Ursprung und Anordnung der Gewässer	[61] 305

Verhältnis der Erosion zur Verwitterung. Wassergehalt der Gründe. Ursprüngliche Abflusslosigkeit. Fortbildung der Regenrisse. Anordnung der Wasserläufe. Thalkrümmungen, Verhältnis der Wasserläufe zu den Absonderungsrichtungen. Das Flussgebiet, Wasserscheiden. Beziehungen der Thäler zum Gebirgsbau. Ansichten über die Entstehung des Elbdurchbruchs.

IX. Die Gründe	[74] 318

Aufriss der Thäler. Bildung derselben durch rückläufige Erosion. Aufriss der Regenschluchten. Ziel der Erosion. Periodizität der Erosion. Thalstufen und Terrassen. Gestalt der heutigen Thalböden, seitliche Erosion. Die Thalgehänge. Cañonform.

X. Felswände, Steine und Ebenheiten	[86] 330

Felskessel. Gestaltung der Felswände. Felsrevier zwischen Schandau und Dittersbach i. B. Das rechte Elbufer westlich von Schandau. Die Cottaer und die Struppener Ebenheit. Gegend zwischen Biela und Elbe. Gegend zwischen oberer Elbe und Kamnitz. Zerstörung der Ebenheiten. Bildung derselben durch kontinentale Erosion. Bedingungen der Entstehung von Platten.

XI. Perioden der Erosion	[98] 342

Bildungen der Tertiär- und Diluvialzeit. Die Terrassen des Längsprofils. Die obere oder Gehängeterrasse. Alter der Ebenheiten.

XII. Die Individualität der sächsischen Schweiz	[106] 350

Faltung und Meeresbedeckungen. Entstehung des heutigen Gebirgsbaus. Faktoren der Zerstörung. Charakter der Erosion und Verwitterung. Relief der Gegenwart und der Tertiärzeit. Vergleich mit anderen Gebirgen. Einfluss des Gebirgsbaus und der Oberflächengestalt auf die Bewohner.

Einleitung.

Die sächsische Schweiz verdankt die Anziehungskraft, welche sie jährlich auf Tausende von Reisenden ausübt, nicht etwa einer grossartigen Hochgebirgsnatur, denn ihr höchster Gipfel, der Schneeberg, erhebt sich nur 723 m über den Meeresspiegel, 600 m über den Fuss des Gebirges, eine Höhe, welche nur wenig mehr als das Vierfache der Höhe des Strassburger Münsters beträgt. Ebensowenig bezeichnet liebliche Anmut allein ihren Charakter. Freilich ist die Aussicht von der Bastei oder dem Brand heiter und anmutig: der schöne Elbstrom schlängelt sich zwischen mässig hohen Abhängen dahin, oben auf den Ebenheiten, wie der gut deutsche ortsübliche Ausdruck für Plateau lautet, und unten im Thale erblickt man zahlreiche Ansiedelungen und die Spuren reger menschlicher Arbeit, und nur im Hintergrunde häufen sich bewaldete Felswände und Gipfel. Aber östlich von Schandau erstrecken sich felsenreiche Waldreviere bis unmittelbar an die Elbe heran und nehmen auf beiden Seiten derselben grosse Flächenräume ein; abseits von der grossen Touristenstrasse begegnet man hier stundenlang nur einigen Holzhackern und Holz und Beeren sammelnden Weibern und Kindern. Die meisten Gründe sind von steilen, oft beinahe senkrechten Felswänden umrahmt und erhalten dadurch einen Charakter der Wildheit, der mit der Kleinheit der Verhältnisse in seltsamem Widerspruche steht. Sowohl die Wände der Thäler wie die höher gelegenen Tafelberge und Rücken sind reich an wunderbaren, oft barocken Felsbildungen, senkrechten Mauern und Pfeilern, Höhlen und Thoren. An sie denkt man zuerst bei einer Erwähnung der sächsischen Schweiz, sie erregen das grösste Interesse der meisten Besucher, die sich mit Vergnügen von ihrem Führer das Gesicht Napoleons, das Kamel, die Lokomotive zeigen lassen. Und doch gehören jene sanft anmutigen, oft auch langweiligen Strecken durchaus mit diesen wildromantischen Felsgegenden zusammen; doch ist gerade diese nahe Berührung der Kontraste tief in der Lagerung und Beschaffenheit des Gesteines, welches die sächsische Schweiz zusammensetzt, und in der ganzen geologischen Geschichte derselben begründet, so dass wenige Stellen auf der Erde in dem Grade eine landschaftliche Individualität bilden wie gerade die sächsische Schweiz.

Der Bau und das Relief der sächsischen Schweiz sind bisher nur einmal eingehender behandelt worden. In den Lehrbüchern der Geologie und physischen Geographie pflegen zwar ihre Felsen und Thäler gleichsam als Paradigmen für die Gesetze der Verwitterung und Erosion in Tafelländern kurz abgehandelt zu werden; aber man begnügt sich der Natur der Sache nach mit einer allgemeinen Auffassung dieser Erscheinungen, ohne den Mechanismus derselben im einzelnen zu untersuchen, ohne daher ein wirkliches Verständnis der sächsischen Schweiz zu erreichen, denn die Schwierigkeiten stellen sich bekanntlich häufig erst dann ein, wenn man die allgemeinen Anschauungen im einzelnen anzuwenden versucht. Auch in den Schriften über Thalbildung hat man den Einschnitt der Elbe in das Quadersandsteingebirge vielfach herangezogen, aber dabei die Tektonik desselben nicht immer gebührend berücksichtigt. Naumann und Cotta, welchen wir die vorzügliche ältere geologische Karte von Sachsen verdanken, und welche mit der Natur und Lagerung der Gesteine unseres Gebietes so vertraut waren wie kein anderer, welche dieselben so gut verstanden, als es die theoretischen Kenntnisse ihrer Zeit erlaubten, haben doch ihre Kenntnisse nicht zu einer eingehenden Erklärung der Oberflächengestalt verwertet, obwohl Cotta sonst gerade den Beziehungen zwischen Geologie und Geographie mit Vorliebe nachging. Auch Kořistka und Krejči, der Topograph und der Geolog der böhmischen Landesdurchforschung, begnügen sich mit allgemeinen, zum Teil von veralteten Anschauungen ausgehenden, Erklärungen. H. B. Geinitz, welcher die Versteinerungen des Quadersandsteines zum Gegenstande des eingehendsten Studiums machte, hat die Fragen der Thalbildung u. dergl. nur gelegentlich gestreift. Einige Lokalgelehrte und Verfasser von Reisebüchern wandten zwar diesen Dingen und besonders den einzelnen merkwürdigen Felsformen ihr Interesse zu, aber waren meistens nicht mit den nötigen wissenschaftlichen Kenntnissen und der nötigen wissenschaftlichen Kritik ausgerüstet, um zu mehr als vagen Hypothesen zu gelangen.

Um so mehr muss das Verdienst August v. Gutbiers anerkannt werden, der in seinen Geognostischen Skizzen aus der sächsischen Schweiz (Leipzig 1858) eine zusammenfassende Darstellung von Bau und Oberflächengestalt derselben lieferte und den Erscheinungen der Verwitterung und Erosion zu einer Zeit eine eingehende Betrachtung widmete, in welcher erst wenige Geographen und Geologen darin einen Gegenstand ernstlichen Studiums erblickten. Und dies Verdienst wird man noch höher anschlagen, wenn man erfährt, dass Gutbier kein Gelehrter von Beruf, sondern ein Offizier war, dass er als Kommandant der Festung Königstein die Anregung zu seinen Untersuchungen empfing. Natürlich haften derselben manche Mängel an, die teils in dem damaligen Standpunkte der Geologie und physischen Geographie, teils auch darin begründet sind, dass dem Laien manche Resultate und Methoden der Forschung fremd waren. Gutbier ist noch ganz Anhänger der Kataklysmentheorie, er glaubt noch an die Hebung der Gebirge durch

Granit und Basalt, er konnte zur Erklärung der sächsischen Schweiz noch ein Diluvialmeer zu Hilfe nehmen, welches, wie wir heute wissen, gar nicht existiert hat. Viele wichtige Fragen sind auch noch nicht behandelt, weil man ihre Bedeutung noch nicht erkannt hatte. Es fehlt der vergleichende Ueberblick über verwandte Gebiete. So sehr wir also Gutbier für seine Skizzen Dank und Anerkennung schulden, so dürfen wir uns heute doch nicht mehr bei seinen Resultaten beruhigen, sondern müssen, auf die wissenschaftlichen Errungenschaften beinahe dreier Jahrzehnte gestützt, Bau und Relief der sächsischen Schweiz von neuem zum Gegenstande eingehenden Studiums machen.

Seit dem Beginne meiner Studien ist mir daher die geographische Erforschung des heimatlichen Gebirges als eine besonders lockende Aufgabe erschienen. Vielfache Exkursionen während der Ferienmonate waren diesem Zwecke gewidmet. Aber eine andersartige wissenschaftliche Arbeit und eine grössere Reise ins Ausland sowie die Bearbeitung von deren Resultaten unterbrachen diese Studien für mehrere Jahre vollkommen. Erst im August 1886 konnte ich dieselben wieder aufnehmen und während der folgenden Herbst- und Wintermonate zu einem vorläufigen Abschlusse führen. Freilich war der Rahmen der Arbeit inzwischen ein engerer geworden; statt einer vollständigen geographischen Landeskunde, welche auch Klima, Pflanzen- und Tierwelt und besonders den Menschen in seiner Abhängigkeit von der Natur und seiner Einwirkung auf die Natur in den Kreis der Betrachtung ziehen sollte, wird nur noch eine Darstellung von Gebirgsbau und Oberflächengestaltung gegeben, in welchen ja allerdings die Eigentümlichkeit der sächsischen Schweiz begründet ist, und deren Darstellung darum auch innerhalb einer alle geographischen Faktoren umfassenden Arbeit den weitaus wichtigsten Teil gebildet haben würde. Freilich bleibt auch in Bezug auf Gebirgsbau und Oberflächengestaltung noch manches Problem ungelöst, aber wennschon teilweise die unzureichenden Kräfte des Verfassers daran schuld sind, so sind wir doch von einer vollkommenen Erkenntnis der Ländernaturen überhaupt noch weit entfernt. Hoffentlich ist die Arbeit auch in dieser Form manchem eine willkommene Einführung in das Verständnis der sächsischen Schweiz und zugleich eine Anregung zu deren weiterer Erforschung.

I. Orographische und geologische Uebersicht.

Grenzen und Grösse der sächsischen Schweiz.

Die geographische Darstellung einer Landschaft hat immer mit dem Uebelstande zu kämpfen, dass sie, um den Leser zu orientieren, das Gebiet der Darstellung gegen die benachbarten Gebiete abgrenzen muss, und dass es doch, falls man sich nicht von äusseren Gründen leiten lässt und sich etwa an die politischen Grenzen hält, erst am Schlusse der Darstellung, nachdem man das Gebiet vollkommen kennen gelernt hat, möglich ist, die Berechtigung jener Grenzlegung zu erweisen. Wirklich scharfe Grenzen sind aber in der Natur überhaupt nur in seltenen Fällen gegeben, meist leitet ein breiterer Streifen von einer Landschaft zur anderen über. Auch bei der sächsischen, oder genauer gesagt, der sächsisch-böhmischen Schweiz, der wir doch eine besonders ausgeprägte Individualität zuerkannt haben, machen wir diese Erfahrung. Die Definition der sächsischen Schweiz ist wesentlich schon mit ihrem anderen Namen „Elbsandsteingebirge" gegeben, d. h. sie ist das Gebiet zu beiden Seiten der Elbe, in welchem der Sandstein mit seinen horizontalen oder flach geneigten Bänken der Landschaft den Stempel aufdrückt. Aber da derselbe meist nicht plötzlich abschneidet, sondern allmählich verschwindet, verliert auch das Relief allmählich die dem Sandstein charakteristischen Züge. Die Sandsteinpartien südwestlich von Dresden, bei Dippoldiswalde, bei Tharandt und bei Meissen sind von verhältnismässig so kleinem Umfange und von so geringer Mächtigkeit, dass sie gegenüber den älteren, grossenteils archäischen, Gesteinen in den Hintergrund treten. Erst in die Linie Pirna-Berggiesshübel-Tyssa-Königswald, längs deren sich der Sandstein in einer auffallenden Stufe aus dem Elbthale oder aus dem krystallinischen Gebiete erhebt, kann man die Grenze des Elbsandsteingebirges gegen das Erzgebirge oder vielmehr gegen den eigentümlich ausgebildeten, passend als Dresdener Elbthalgebirge zu bezeichnenden, Nordostabhang desselben verlegen. Schärfer lässt sich die Grenze gegen die ebenfalls aus archäischen Gesteinen zusammengesetzte hügelige Platte der Lausitz ziehen, weil dieselbe an einer von Bonnewitz (nördlich von Pirna) über Dittersbach i. S., Rathewalde, Hohnstein, Altendorf, Hermsdorf, Sternberg, Neu-Daubitz und Kreibitz in ostsüdöstlicher Richtung verlaufenden Linie fast haarscharf gegen den Sandstein abschneidet. Weniger scharf ist die Grenze wieder im Süden zwischen Kreibitz, Tetschen-Bodenbach und Königswald, wo der Sandstein unter das, wesentlich aus Basalt und

Phonolith bestehende, böhmische oder Leitmeritzer Mittelgebirge hinabtaucht, um jenseits desselben wieder den grössten Teil des nordöstlichen Böhmens zusammenzusetzen und der sächsischen Schweiz ähnliche Landschaftsformen zu erzeugen. Der in diesen Grenzen eingeschlossene Raum hat ungefähr die Gestalt eines rechtwinkligen Dreiecks, dessen Hypotenuse durch die nordöstliche Randlinie Bonnewitz-Kreibitz, und dessen Katheten durch die Linien Bonnewitz-Königswald und Königswald-Kreibitz bezeichnet werden. Die Hypotenuse ist ungefähr 41, die Katheten 29 und 32 km lang, der Flächeninhalt des ganzen Gebietes beträgt etwa 450 qkm oder 8 Quadratmeilen.

Orographischer und geologischer Gegensatz gegen die Nachbargebiete.

Die orographische Eigentümlichkeit dieses Gebietes ist eine so ausgeprägte, dass sie uns in der Natur oder auf einer guten topographischen Karte[1]) auf den ersten Blick entgegentritt. Das Lausitzer Bergland sowohl wie das Erzgebirge sind sanft gewellte Hochflächen, in welche die Thäler mehr oder weniger tief eingeschnitten sind, über welche sich nur unbedeutende Gipfel erheben. Das böhmische Mittelgebirge ist ein Haufwerk von hohen und niedrigen gerundeten Kuppen und Rücken, in deren Anordnung das Auge keine Regel bemerkt. In der sächsischen Schweiz dagegen waltet der Tafelcharakter vor; auf einer Reihe von Ebenheiten, in welche enge, steilwandige Thäler eingegraben sind, erheben sich Berge und Rücken mit mehr oder weniger horizontaler Oberfläche, aber schroffem, oft beinahe senkrechtem Absturz. Die Oberfläche dieser Berge und Rücken bildet im grossen und ganzen eine Ebene, welche auf dem rechten Elbufer horizontal oder nur schwach nach Nordwest geneigt ist, auf dem linken Elbufer dagegen etwas steiler nach Südwest ansteigt. Vom Lausitzer Hügellande und dem Erzgebirge unterscheidet sich die sächsische Schweiz also durch ihre Zerrissenheit und die Schroffheit der Formen, von dem böhmischen Mittelgebirge durch den tafelartigen Charakter.

Diese auffallenden topographischen Unterschiede sind in der Verschiedenheit von Bau und Entstehungsgeschichte begründet[2]). Dem

---

[1]) Ein eingehenderes Studium muss sich auf die Messtischblätter der sächsischen Generalstabskarte 1:25 000 gründen, auf welchen die Höhenverhältnisse durch Isohypsen dargestellt sind. Gute Uebersichten geben die Generalstabskarte 1:100 000, der Topographische Atlas von Sachsen von Oberreit und v. Odelebens, Topopraphische Karte der Umgegend von Hohnstein und Schandau. Weniger gut ist die österreichische Generalstabskarte 1:75 000. Eine Höhenschichtenkarte 1:200 000 von Kořistka im Archiv der naturwissenschaftlichen Landesdurchforschung von Böhmen, 1. Bd., 1. Abtlg. Daselbst S. 66 ff. auch eine ausführliche orographische Beschreibung des südöstlichen Teils und einzelne orometrische Berechnungen.

[2]) Eine gute zusammenfassende Darstellung haben die deutschen Gebirge neuerdings durch Penck in: Unser Wissen von der Erde, II. Bd., Leipzig und Prag 1886, erhalten. Ich habe dieses Werk erst eingesehen, als meine Darstellung im wesentlichen niedergeschrieben war, und habe dasselbe nur noch in Einzelheiten benutzt, während die oft grosse Uebereinstimmung der Auffassung zufällig und darum um so erfreulicher ist.

tafelartigen Oberflächencharakter der sächsischen Schweiz entspricht eine horizontale oder ganz sanft geneigte Lage der sie zusammensetzenden Schichten; wir können jetzt, am Eingange der Untersuchung, noch nicht beurteilen, ob auch Verwerfungen einen Anteil an der Gestaltung des Reliefs nehmen, aber im wesentlichen sind es die Faktoren der Erosion, welche den ehemaligen Zusammenhang zerrissen haben. Wir müssen die sächsische Schweiz demnach als ein erodiertes Tafelland oder ein Erosionsgebirge bezeichnen [1]. Auch das Erzgebirge und das Lausitzer Bergland waren vor dem Einschneiden der heutigen Thäler sanft gewellte Hochflächen; aber dieser Gestalt der Oberfläche lag nicht, wie in der sächsischen Schweiz, ein horizontaler Schichtenbau zu Grunde, die Schichten sind vielmehr grossenteils steil geneigt und bilden Falten, welche früher hoch aufragten, aber heute durch irgend eine äussere Kraft, sei es die Brandungswelle des Meeres (Abrasion [2]), seien es lediglich die atmosphärischen Agentien, glatt gehobelt worden sind. Erzgebirge und Lausitzer Bergland sind danach Rumpfgebirge. Das böhmische Mittelgebirge endlich bezeichnet wieder einen anderen Gebirgstypus, da es ein vulkanisches Ausbruchsgebirge ist.

Der Bau des Erzgebirges, allerdings mit Ausnahme des uns gerade besonders interessierenden Nordostflügels, ist in dem letzten Jahrzehnt durch die sächsische geologische Landesanstalt unter der Leitung von Herrn Oberbergrat Prof. Hermann Credner auf das eingehendste untersucht worden und hat sich dabei als äusserst kompliziert herausgestellt. Nur im allgemeinen kann man dasselbe als eine von SW nach NE [3] streichende Falte bezeichnen, welcher im Norden die kleineren Falten des Granulitgebirges und des nordsächsischen Hügellandes vorgelagert sind. An der Faltung nehmen ausser den archäischen Gesteinen auch die paläozoischen Formationen bis zum Kulm herab teil, während die produktive Kohlenformation und das Rotliegende horizontal oder sanft geneigt in den beiden Becken zwischen den Falten abgelagert wurden und nur noch durch Verwerfungen gestört sind [4].

Nach Nordosten hin biegt die Streichrichtung der Schichten allmählich aus einer nordöstlichen in eine südöstliche um [5], so dass wir zwischen Meissen und Nossen einerseits, Pirna und Gottleuba andererseits alle Formationsgrenzen, zwischen Gneiss und Thonschiefer-Grauwacke, zwischen diesen und Syenit oder Granit oder zwischen Rotliegendem und

---

[1] Diese Benennung der Gebirge ist dem „Führer für Forschungsreisende" meines hochverehrten Lehrers Ferd. Frhrn. v. Richthofen entnommen, welches die reichste Belehrung über alle Probleme der Gebirgskunde enthält. Ich werde auf dieses vorzügliche Buch auch bezüglich der Untersuchungen anderer Forscher verweisen, wenn dieselben an schwer zugänglichem Orte veröffentlicht oder bereits ein Gemeingut der Wissenschaft geworden sind.
[2] v. Richthofen, Führer S. 353 ff.
[3] Ich habe Ost stets durch die in der Meteorologie eingeführte internationale Abkürzung E bezeichnet.
[4] Vgl. Herm. Credner, Das erzgebirg. Faltensystem. Ein Vortrag. Dresden 1883.
[5] Naumann, Erläuterungen zur geol. Karte von Sachsen, Heft 5, S. 11 ff.
Mietzsch, Das Schieferterrain des nordöstlichen Erzgebirges. Dissert. Leipzig 1871, und Zeitschr. f. d. ges. Naturw. 1871, S. 1 ff.
Mietzsch, Das erzgebirgische Schiefergebiet in der Gegend von Tharandt und Wilsdruff. N. Jahrb. f. Min. von 1872, S. 562 ff.

einer der genannten Formationen im ganzen von NW nach SE verlaufen sehen. Das Rotliegende (ob die Kohlenformation in dieser Gegend überhaupt vorkommt, ist nach den Untersuchungen von Sterzel zweifelhaft geworden) ist auch hier nicht mit gefaltet, aber stark verworfen. Ein kleines Vorkommen der Dyasformation findet sich bei Weissig nördlich von Pillnitz; auch unter Dresden wurde, ungefähr im Niveau des Meeresspiegels, Rotliegendes erbohrt, aber die Hauptmasse ist zu beiden Seiten des Plauenschen Grundes in einem von NW nach SE gestreckten Becken oder vielmehr einem durch einen Porphyrrücken getrennten Doppelbecken zwischen Gneiss, Phyllit und Syenit eingeschlossen [1]). Es unterliegt kaum einem Zweifel, dass diese Beckennatur wenigstens zum Teil durch Verwerfungen bedingt ist, deren Bildung noch vor die Kreidezeit fällt.

Dieser ganze Nordostabhang des Erzgebirges mit seinen von NW nach SE streichenden Schichten oder, wie wir ihn erst bezeichneten, das Dresdener Elbthalgebirge kann geologisch eigentlich schon zur Lausitz und damit zu den Sudeten gerechnet werden, da diesen ja im Gegensatze zum Erzgebirge die nordwestliche Streichrichtung eigentümlich ist. Die räumliche Trennung, welche zwischen ihm und der Lausitz besteht, hat, wie wir sehen werden, nichts mit der paläozoischen Faltung zu thun, sondern ist die Folge späterer Ereignisse. Unter dem Quartär und Sandstein des Elbthales streichen die archäischen und paläozoischen Faltenzüge fort, um an einzelnen Stellen, namentlich bei Koswig und bei Niedergrund, auch zu Tage zu treten. Aber dies linkselbische Elbthalgebirge sowohl wie die eigentliche Lausitz sind doch noch nicht genügend studiert, als dass sie genauer dargestellt werden könnten. Die von Cotta bearbeitete geologische Karte der Lausitz zeigt in der Nähe der Elbe nur Granit und Syenit, aber ein Teil dieses Granites ist so deutlich geschichtet, dass er, wenn er auch im Handstücke richtungslos struiert erscheint, besser als Gneiss bezeichnet wird.

Zwischen Erzgebirge und Lausitz, oder, genauer gesagt, zwischen die sudetisch streichenden Falten des linken Elbgehänges und das eigentliche Lausitzer Bergland eingeschaltet oder teilweise denselben aufgelagert, finden sich nun im Elbthale die mehr oder weniger horizontalen Schichten der Kreideformation, welche die sächsische Schweiz fast ausschliesslich zusammensetzen und nordwestlich davon wenigstens noch in mehr oder weniger bedeutenden Lappen auftreten.

Die Auffassung dieser Kreidebildungen und ihrer Lagerungsverhältnisse ist von so grosser Wichtigkeit für die Beurteilung von Bau und Relief der sächsischen Schweiz, dass wir uns die Mühe nicht verdriessen lassen dürfen, uns bei der stratigraphischen Geologie ausführliche Belehrung darüber zu erholen.

---

[1]) H. B. Geinitz, Geognostische Darstellung der Steinkohlenformation in Sachsen. Leipzig 1856. S. 52 ff.

II. Gliederung und Lagerung der sächsischen Kreidebildungen.

Quadersandstein und Pläner.

Die Schreibkreide, welche der Kreideformation oder, wie wir nach den Beschlüssen des geologischen Kongresses jetzt eigentlich sagen müssten, dem Kreidesysteme den Namen gegeben hat, fehlt im Gebiete der sächsischen Schweiz vollständig. Die unbedingt vorherrschenden Gesteine sind hier der Quadersandstein und der Pläner, weshalb manche Autoren auch schon vorgeschlagen haben, den Namen Quadersandstein- oder Plänerformation an die Stelle des Namens Kreideformation zu setzen, ein Vorschlag, der mit Recht zurückgewiesen worden ist, weil der Quadersandstein und der Pläner ebensogut wie die Schreibkreide nur lokale Vorkommnisse sind. Der Quadersandstein ist ein Quarzsandstein mit geringem thonigem oder eisenschüssigem Bindemittel, das seinen Namen von der eigentümlichen quaderförmigen Absonderung erhalten hat; er liefert das vorzügliche Baumaterial, welchem die Bauten Dresdens einen Teil ihrer Schönheit verdanken, und welcher elbabwärts auch nach Berlin und anderen Städten gebracht wird. Der Pläner ist meist durch eine plattenförmige Schichtung oder Absonderung ausgezeichnet[1]) und tritt entweder als ziemlich reiner Kalkstein (bei Strehlen und Weinböhla) oder als Mergel auf oder geht auch in einen kalkigen, mergeligen oder thonigen Sandstein (Plänersandstein) über.

Gliederungsversuche.

Anfangs glaubte man, den Quadersandstein überhaupt als das untere, den Pläner als das obere Glied der sächsischen Kreideablagerungen ansprechen zu dürfen. Aber im Jahre 1838 zeigte Naumann[2]), dass die Plänerdecke „am östlichen Gehänge des Gottleubathales unter den dortigen Quadersandstein einkriecht, und dass die meisten Sandsteinmassen der sächsischen Schweiz nicht unter, sondern über dem Pläner gelagert sind", und er sprach zugleich die Vermutung aus, dass der Pläner dem Gault, der darunterliegende Sandstein der unteren, der darüberliegende Sandstein der oberen Abteilung der Kreideformation anderer Länder, namentlich Englands, entsprächen. Römer und Geinitz erhoben aus paläontologischen Gründen gegen diese Auffassung Einsprache und parallelisierten den Pläner vielmehr mit dem englischen Chalk marl. Es darf heute als eine feststehende Thatsache gelten, dass die beiden unteren Abteilungen der Kreidezeit, nämlich Neocom und Gault, in Sachsen ebenso wie in Schlesien, Böhmen und dem ausseralpinen Bayern, überhaupt fehlen, dass Quader und Pläner den Abteilungen des Cenoman, Turon und Senon angehören. Auch im einzelnen ist die Gliederung und Parallelisierung der sächsisch-böhmi-

---

[1]) Der Name Pläner kommt jedoch nach den Untersuchungen von O. Richter (Sitzungsber. d. Isis 1882, S. 131) nicht von planus, sondern von dem Dorfe Plauen her.
[2]) Erläuterungen, 5. Heft, S. 357. Vgl. Cotta, ebendaselbst.

schen Kreideablagerungen durch die eingehenden Untersuchungen von Rominger, Reuss, Geinitz, Gümbel, Hochstetter, Jokély, Krejči, Frič, Schlönbach u. a. wesentlich gefördert worden, obgleich sie noch nicht als abgeschlossen betrachtet werden kann [1]).

Als unterstes Glied der sächsisch-böhmischen Kreidebildungen werden von allen Autoren die pflanzenführenden Schichten betrachtet, welche an einzelnen Stellen dem unteren Quadersandstein eingelagert sind (Schichten von Niederschöna Geinitz, Peručer Schichten Krejči und Frič).

Darauf folgt oder damit gleichzeitig beginnt der eigentliche untere Quadersandstein, dem die untere Abteilung des Pläners teils auflagert, teils äquivalent ist: Unterer Quader und unterer Pläner (Geinitz), Unterplänersandstein und Unterplänermergel (Gümbel), Korycaner Schichten (Krejči und Frič), erste Zone oder Zone der Trigonia sulcataria und des Catopygus carinatus (Schlönbach).

Bei Dresden liegt auf dem unteren Pläner, nur durch eine Thonschicht getrennt, der mittlere Pläner von Geinitz, der, wie Gümbel nachwies, nach Pirna hin in den Cottaer Bildhauersandstein (mittlerer Quader von Geinitz) übergeht. Gümbel selbst bezeichnet diese Stufe als Mittelplänersandstein, die böhmische Landesdurchforschung als Weissenberger Schichten, Schlönbach als zweite Zone (des Inoceramus labiatus).

Auf diesem Bildhauersandstein lagert an mehreren Stellen südlich von Pirna, am deutlichsten zwischen Neundorf und Krietzschwitz, ein glaukonitischer Sandstein, darauf eine dünne Plänerschicht und schliesslich ein Mergel. Es sind die Schichten, welche Naumann 1838 entdeckt und als Plänereinlagerung bezeichnet hatte. Er hatte sie bereits bis an den Schneeberg verfolgt; besonders durch die Nachforschungen von Geinitz ist sie noch an mehreren Punkten aufgefunden worden, so dass sie als ein besonders wichtiger Horizont erscheint. Gümbel bezeichnete die drei Bildungen als Mittelplänergrünsandstein, Mittelplänermergel und Oberplänermergel, Geinitz als Cottaer Grünsandstein, oberen Pläner und oberen Quadermergel; beide hielten die Plänerschicht für gleichalterig mit den Plänerkalken von Strehlen und Weinböhla. Den Sandstein über diesen Schichten bezeichneten Gümbel und Geinitz als oberen Plänersandstein bezw. oberen Quadersandstein und sahen ihn als das oberste Glied der sächsischen,

---

[1]) Die wichtigste Litteratur ist gegenwärtig folgende:
Gümbel, Beiträge zur Kenntnis der Procän- oder Kreideformation im nordwestlichen Böhmen. Abhandl. d. bayr. Akad. d. Wissensch. 1868 (X. Bd.).
Geinitz, Das Elbthalgebirge in Sachsen. 4 Bde. Kassel 1871.
Krejči, Studien im Gebiete der böhmischen Kreideformation. Archiv der Naturwissenschaftl. Landesforschung von Böhmen. I. Bd., II. Abtlg., S. 1 ff.
Frič, Paläontologische Untersuchungen der einzelnen Schichten der böhmischen Kreideformation: 1. die Peručer und Korycaner Schichten; 2. die Weissenberger und Malnitzer Schichten; 3. die Iserschichten. Ibid. I. Bd., II. Abtlg., S. 181 ff.
Schlönbach, Die Brachiopoden der böhmischen Kreide. Jahrb. d. Geol. Reichsanstalt 1868, S. 139 ff.
Hochstetter, Durchschnitt durch den Nordrand der böhmischen Kreideablagerungen bei Wartenberg unweit Turnau. Ibid. S. 247 ff.

böhmischen und bayrischen Kreidebildungen an. Etwas später untersuchte jedoch Geinitz thonige Mergelschiefer in einem Eisenbahneinschnitte bei Zatzschke nördlich von Pirna und stellte dieselben nun mit den benachbarten Copitzer Grünsandsteinschichten, die er und Gümbel bisher für eine Fortsetzung des Cottaer Grünsandsteines gehalten hatten und mit der Wehlener Thoneinlagerung als Baculitenmergel über den oberen Quader; nur wenige Sandsteinbänke sollten noch über diesen Mergeln auftreten.

Die böhmischen Landesgeologen haben die Plänereinlagerung als Malnitzer Schichten bezeichnet. Darauf folgt, unter dem Namen Iserschichten, der Sandstein des Schneebergs, Königsteins, Winterbergs u. s. w., auf diesen die Teplitzer Schichten, zu welchen, im Gegensatze zu Gümbel und Geinitz, der Plänerkalk von Strehlen und Weinböhla gezählt werden, dann die Priesener oder Baculitenmergel und schliesslich die Chlomecker Schichten oder der eigentliche obere Quader, der in der süchsischen Schweiz gar nicht vertreten sein soll. Die beiden letzten Glieder entsprechen der fünften und sechsten Zone Schlönbachs, in seiner vierten Zone fasst er dagegen die Iser- und Teplitzer Schichten, d. h. den oberen Quader und den Plänerkalk der Geinitzschen Gliederung, zusammen, die er geneigt ist, für gleichalterige, einander vertretende Bildungen zu halten. Seine dritte Zone umfasst die drei Glieder der Plänereinlagerung, ist also mit den Malnitzer Schichten identisch.

Einige der Streitfragen, z. B. die Frage, ob der Quadersandstein anderer Gegenden jünger ist als der obere Quader Sachsens, und ob dieser dem Turon oder Senon angehört, sind zwar für die historische Geologie wichtig, aber für die Auffassung des Gebirgsbaues von geringer Bedeutung. Dagegen ist es hierfür wünschenswert, die relative Stellung der innerhalb der sächsischen Schweiz auftretenden Bildungen zu kennen, z. B. zu wissen, ob der Plänerkalk von Strehlen und Weinböhla über oder unter dem oberen Quader liegt oder denselben vertritt, ob der Copitzer Grünsandstein mit dem Cottaer Grünsandstein gleichalterig ist oder einem höheren Niveau angehört, ob die Mergel von Zatzschke und Wehlen wirklich über dem Sandsteine des Königsteins und Winterbergs liegen.

Freilich ist es sehr schwer, diese Fragen zu entscheiden. Im Quadersandstein sind die Versteinerungen vielfach sehr spärlich und dabei oft so schlecht erhalten, dass sich verwandte Arten nicht unterscheiden lassen. Und wenn man auch den Quader eines Ortes mit dem Quader eines anderen Ortes oder den Pläner eines Ortes mit dem Pläner eines anderen Ortes vergleichen kann, so kommen doch die Verschiedenheiten des Pläners vom Quader viel mehr auf Rechnung des Faciesunterschiedes, d. h. der verschiedenen Bedingungen der Ablagerung, als des geringen Zeitunterschiedes zwischen ihrer Bildung. In Bezug auf die Gesteinsbeschaffenheit ist dieselbe Schicht, wie der mittlere Quader zeigt, grossen Schwankungen unterworfen, während verschiedene Schichten einander täuschend ähnlich sehen. Es ist daher sehr schwer, Verwerfungen und andere Unregelmässigkeiten der Lagerung zu erkennen. Zu einer allgemeinen Uebersicht der Lagerungsverhältnisse bedienen wir uns am besten der Auflagerungsfläche des Quadersandsteins auf dem Grundgebirge und der Plänereinlagerung, von denen beiden wir annehmen dürfen, dass sie bei ihrer Bildung im ganzen horizontale oder sanft geneigte Ebenen bildeten.

Die Auflagerungsfläche des Quadersandsteins auf dem Grundgebirge.

Bei der Goldenen Höhe südlich von Dresden lagert der Quadersandstein in 330 m Meereshöhe auf einem Porphyr auf. Ungefähr die gleiche Meereshöhe hat die Auflagerung des Sandsteins auf dem Grundgebirge an den Gersdorfer Wänden nordwestlich von Berggiesshübel und im Thale bei Bahra, also längs einer von NW zu W nach SE zu E (in 125 °), das ist parallel der Gneiss-Schiefergrenze, verlaufenden Linie. Dieselbe Richtung verbindet auch die Sandsteininseln des Sattelbergs und von Jungferndorf, bei welchen die Auflagerungsfläche ebenfalls gleiche Meereshöhe (660 m) besitzt. Wir können daher diese Richtung als Streichrichtung der Auflagerungsfläche bezeichnen und den Fallwinkel derselben aus dem Abstande der beiden Linien berechnen. Da dieser Abstand ungefähr 9300 m, der Höhenunterschied 325 m beträgt, so ist das Gefälle 2 °.

Auch zwischen Berggiesshübel und dem Sattelberge, wo die Zerstückelung des Sandsteingebietes dessen Auflagerung besonders häufig beobachten lässt, sieht man die Auflagerungsfläche im allgemeinen in der angegebenen Weise nach SW ansteigen. Aber doch nur im allgemeinen, denn mehrere Kuppen älteren Gesteins, vor allem das granitische Grosse Horn östlich von Gottleuba, ragen über diese ideale Ebene empor und erheben sich sogar höher als die heutige Oberfläche des benachbarten Sandsteins. Man könnte zunächst daran denken, die Ursache dieser Erscheinungen in Verwerfungen zu suchen, aber nicht nur die Sandsteinpartien nördlich und südlich, sondern auch östlich und westlich des Grossen Horns, also rings um dasselbe herum, treten in dem Niveau auf, in welchem wir sie auf Grund der beschriebenen allgemeinen Streich- und Fallverhältnisse zu erwarten haben; nur unmittelbar am Grossen Horn selbst steigt die Auflagerungsfläche höher an, ohne dass doch die Schichten eine starke Aufrichtung zeigten. Diese Lagerungsverhältnisse stehen mit allem in Widerspruch, was wir von Verwerfungen wissen, lassen sich aber leicht aus der ursprünglichen Ablagerung des Sandsteins erklären. Ramsay und Richthofen (vgl. Führer S. 353 ff.) haben gezeigt, dass ein vordringendes Meer, ausser in ganz geschützten Buchten, das Land glatt hobelt, abradiert, ehe es sich darüber ausbreitet, dass also seine Sedimente auf eine sanft ansteigende Ebene zu liegen kommen; sie haben aber auch schon hervorgehoben, dass einzelne feste Massen als Felsriffe oder Inseln aufragen werden. In der sächsischen Schweiz finden wir sowohl die Ebenflächigkeit der Auflagerungsfläche im allgemeinen wie das Aufragen härterer Granit- und Porphyrstöcke und Quarzitrücken über diese Fläche auf das glänzendste bestätigt. Diese Stöcke und Rücken müssen während der Cenomanzeit Küsteninseln und Halbinseln gebildet haben und wurden erst während des Turon vom ansteigenden Meere bedeckt, von dessen Ablagerungen sie jedoch heute bereits wieder befreit sind. In dem Sandsteingebiete zwischen Freiberg und Tharandt hat man, wie mir Herr Oberbergrat H. Credner mitteilt, an den Porphyren ein ähnliches Verhalten beobachtet. Auch das Auftreten von Granit und Thonschiefer an der Elbe oberhalb Niedergrund scheint hierher zu gehören, da der umgebende Quader von Krejčí und Geinitz als mittlerer erkannt worden ist.

Aber es ist fraglich, ob sich alle Unterbrechungen in der Gleichmässigkeit der Auflagerungsfläche auf diese Weise erklären lassen. Wenn wir von der Goldenen Höhe, bei welcher wir unsere Betrachtung begannen, nördlich nach Dresden hinabsteigen (vgl. Figurentafel), sehen wir die untere Grenze der Kreideformation ebenfalls sich senken. Während sie an der Goldenen Höhe in 330 m lag, liegt sie im Boderitzgrunde in 200 m, bei Altkoschütz in 210 m, am Hohen Stein in 190 m über, am Antonsplatz in Dresden aber 38 m unter dem Meeresspiegel. Schon zwischen der Goldenen Höhe und den nächstgelegenen Punkten finden wir das Gefälle etwas steiler als bisher, nämlich $2\,^1/_2\,^0$; zwischen Altkoschütz und dem Antonsplatze hat sich dasselbe auf $3\,^1/_2\,^0$ vermehrt. Naumann erwähnt, dass die Quader- und Plänerschichten südlich von Dresden mitunter unter $15\,^0$ geneigt sind; ob ausserdem Verwerfungen zu jenem Verhältnis mitwirken, ist noch nicht sichergestellt.

Auch wenn wir von der Goldenen Höhe aus südwärts wandern, stossen wir auf Unregelmässigkeiten. Der Sandstein der Goldenen Höhe bricht in einer nicht hohen, aber ziemlich steilen Wand ab; beim Anstieg nach Possendorf und beim Aufstieg in der Richtung nach Dippoldiswalda bewegen wir uns auf Rotliegendem, das in den Hermsdorfer Höhen bis zu 450 m ansteigt. Wenn sich der Quadersandstein bis hierher fortsetzte, so würde er, unter der Annahme des gewöhnlichen Neigungswinkels von $2\,^0$, bei 470 m auf dem Rotliegenden auflagern müssen, in welcher Höhe die Auflagerung der in der Streichrichtung gelegenen Sandsteinpartie zwischen Neuhof und Peterswalde thatsächlich stattfindet. Statt dessen ist hier der Quadersandstein in einer viel geringeren Meereshöhe an den Südrand des genannten Rückens angelehnt, seine Oberfläche liegt in 360 m, und sein Boden wird im Oelsengrund bei 310 m noch nicht erreicht. Diese tiefe Lage kann ihren Grund nur in einer Verwerfung mit einer Sprunghöhe von 150—200 m haben. Dieselbe verläuft von NW nach SE, denn sie lässt sich von Wendisch-Carsdorf aus einerseits bis Weissig bei Tharandt, wo ihr Betrag jedoch etwas geringer geworden ist, andrerseits über den Wilisch hinaus verfolgen. Ob sie auch hierhin auskeilt, oder ob eine zweite, mehr oder weniger senkrecht darauf stehende Verwerfung den Uebergang zum normal gelagerten Quader vermittelt, ist noch nicht sicher festgestellt und wird sich auch, da der Quader hier fast ganz denudiert ist, nur durch Studien im Grundgebirge feststellen lassen. Von der Verwerfungslinie aus hebt sich die Auflagerungsfläche des Quadersandsteins in der Richtung nach Dippoldiswalda und Freiberg von neuem, jedoch, wie es scheint, nicht mit derselben Regelmässigkeit wie weiter östlich.

Noch auffallender ist eine Verwerfung zwischen Cossebaude und Meissen, bei deren Beschreibung ich mich allerdings ganz auf die Beobachtungen von Naumann (Erläuterungen 5. Heft S. 343 ff.) stützen muss, weil gute Aufschlüsse gegenwärtig fehlen. Die Sandstein- und Plänerdecke, welche wir südlich und südöstlich von Dresden antrafen, zieht sich am linken Ufer der Weisseritz immer mehr zusammen und bildet von Cossebaude an nur noch eine, wesentlich aus unterem Pläner bestehende, Terrasse am Fusse der höheren Syenit-Granitplatte. Die Schichten liegen in dieser Plänerterrasse horizontal, nur unmittelbar an der Grenze sind sie auf das auffälligste aufgerichtet oder gar überkippt. Die Streichrichtung dieser aufgerichteten Schichten ist ebenso wie die der Grenze selbst NW-SE.

Unterer und mittlerer Quader und Pläner.

Die sächsischen Kreideablagerungen beginnen, wenn wir von den pflanzenführenden Schichten und anderen lokalen Bildungen absehen, grossenteils mit dem unteren Quader, stellenweise mit dem unteren Pläner, der jenem äquivalent zu sein scheint, an ganz vereinzelten Punkten, infolge Klippenbildung, mit höheren Horizonten. Aller Quader südlich von Dresden, zwischen Dippoldiswalda, Tharandt und Freiberg, bei Berggiesshübel, am Sattelberge, im unteren Teil der Tyssaer Wände ist durch Geinitz und die Prager Geologen auch auf paläontologischem Wege als unterer erwiesen worden. Auf den unteren Quader oder auch direkt auf das Grundgebirge folgt teils der untere und mittlere Pläner, teils, in der eigentlichen sächsischen Schweiz, der mittlere Quader. Obwohl derselbe erst seit kurzem vom unteren und oberen Quader abgetrennt wird, ist er doch ausser bei Rottwernsdorf auch im oberen Teile der Tyssaer Wände bis zum Dorfe Schneeberg und von da abwärts bis zur Schweizermühle, an der Elbe von Niedergrund bis Königstein und östlich bis Dittersbach erkannt worden. Die Mächtigkeit des unteren und mittleren Quaders bezw. der sie vertretenden Plänerbildungen ist schwer zu beurteilen, weil die obere und untere Grenzfläche an wenigen Stellen übereinander vorkommen; dazu kommt, dass die Mächtigkeit bei rein sandiger Entwicklung wahrscheinlich grösser ist als wo der Pläner überwiegt; im Mittel werden wir sie etwa auf 100 m veranschlagen können.

Der obere Pläner und die Plänereinlagerung.

Ueber dem mittleren Quader folgt mit einer Grünsandsteinschicht und einer Mergelschicht verbunden in lokal sehr wechselnder Ausbildung die Plänereinlagerung [1]). Von Pirna aus, wo sie an der Kohlmühle in 125 m Höhe auftritt, zieht sie sich am rechten Gehänge des

---

[1]) Vgl. ausser den Schriften von Geinitz, Krojči und Frič auch v. Gutbier, Geogn. Skizzen S. 21 u. 88 ff. Einzelne Angaben verdanke ich Herrn Sektionsgeologen Dr. Beck.

Gottleubathales aufwärts und erreicht zwischen Rottwernsdorf und Weinberg 200—210 m, zwischen Neundorf und Krietzschwitz 210 bis 220 m, zwischen Langhennersdorf und Kirchberg 310 m, an der Chaussee bei Hermsdorf 370 m Meereshöhe. Auf der gegenüberliegenden Thalseite findet sie sich am Abhange des Cottaer Spitzbergs. Von Hermsdorf können wir sie zur Schweizermühle verfolgen, wo die auf ihr entspringenden Quellen zur Begründung einer Kaltwasserheilanstalt Veranlassung gegeben haben. Von hier nach Norden wurde sie in der Schlucht zwischen Königsbrunn und Leupoldishain bei 250 m, am Ausgange des Thürmsdorfer Grundes bei 140 m, vielleicht im Brunnen der Festung Königstein bei 180 m angetroffen. Südlich von der Schweizermühle sehen wir die Quellen des Hohen Schneebergs auf ihr entspringen (zwischen 510 und 560 m). In dem Waldreviere zwischen dem Schneeberg und der Elbe ist noch wenig nach ihr gesucht worden. Dagegen wurde sie auf dem rechten Elbufer gegenüber Mittelgrund (über 400 m), auf der Höhe des Plateaus bei Rosendorf (über 300 m) und an der Basis der Sandsteinwände von Dittersbach i. B. (etwa 260 m) gefunden. Unterhalb Herrnskretschen tritt die Plänerschicht auf dem rechten Elbufer nur noch an wenigen Stellen zu Tage. Am Lachsfang im Polenzthale (dicht oberhalb Porschendorf) steht sie bei 130 m an, im Thale zwischen Mockethal und Nieder-Posta wird sie durch eine Quelle ungefähr in derselben Höhe verraten, in der gleichen Höhe tritt sie auch am nördlichen Ende von Copitz auf, und auch im Wesenitzthale wurde sie von Geinitz konstatiert. Die Copitzer Schicht hat dieser Forscher allerdings neuerlich nach Untersuchung des Zatzschker Mergels von der Plänereinlagerung abgetrennt und in einen höheren Horizont verwiesen (vgl. S. 258 [14]), aber da der Zusammenhang mit den Zatzschker Mergeln gar kein so inniger ist, wohl aber der Copitzer Pläner als unmittelbare Fortsetzung des Pläners von Pirna und Cotta erscheint, müssen wir in diesem Punkte der älteren Ansicht von Gümbel und Geinitz den Vorzug geben.

Wenn wir diejenigen Aufschlüsse der Plänereinlagerung, welche gleiche Meereshöhe besitzen, mit einander verbinden, so finden wir, dass die Verbindungslinien in der sächsischen Schweiz im allgemeinen von WNW nach ESE, d. i. der Elbrichtung zwischen Pirna und Schmilka parallel, verlaufen. Westlich von Pirna scheint sich diese Streichrichtung mit dem Elblaufe etwas mehr nach NW zu wenden, da wir sonst an der Goldenen Höhe statt des unteren Quaders schon den oberen Pläner finden müssten, östlich der Linie Herrnskretschen-Tetschen biegt dagegen die Streichrichtung mehr nach Osten um. Der Einfallswinkel ist in der Nähe der Elbe 1° 20', weiter davon entfernt 2° 20', im Mittel 1° 45'.

Von Gümbel und Geinitz ist auch der Plänerkalk von Strehlen und Weinböhla dieser Plänereinlagerung zugezählt worden, während ihn die böhmischen Geologen zu den Teplitzer Schichten rechnen und damit über den oberen Quader der sächsischen Schweiz stellen. Bei Strehlen ist der Pläner ganz von Quartär umgeben und nahe einer Stelle, an welcher wir den unteren Quader und Pläner auffallend tief liegen fanden (vgl. S. 260 [16]); aber er liegt in so geringem Abstande vom mittleren Pläner und so auffallend in der Fortsetzung der Plänereinlagerung, dass die stratigraphischen Verhältnisse zu Gunsten der Geinitz-Gümbelschen Ansicht zu sprechen scheinen. Das Gleiche gilt auch von dem Weinböhlaer Vorkommen, das sich von dem Strehlener nicht trennen lässt und gleichfalls ziemlich dicht auf den unteren Pläner folgt.

Der obere Quader und die Mergelschicht.

Unterhalb Pirna fehlen alle jüngeren Bildungen, bei Pirna lagert über dem Pläner ungefähr 50 m mächtiger Quadersandstein, am Schneeberg, der sich zu 723 m erhebt, während wir die Plänerschicht daselbst zwischen 510 und 560 m fanden, ist der obere Quadersandstein 160 m mächtig; der Lilienstein ist 411 m hoch und der Pläner steht an seinem Fusse bei 140 m an, so dass wir für den oberen Quader 270 m erhalten; und am Grossen Winterberg müssen wir demselben wenigstens 300 m geben, denn der Quader steht hier bis 500 m an, während sich die Plänerschicht keinenfalls höher als 200 m erhebt. Es ist also ein bedeutender Irrtum, wenn Krejči (a. a. O. S. 124) dem über der Plänerschicht liegenden Quadersandstein, welchen er ganz zu den Iserschichten rechnet, nur eine Mächtigkeit von 300' oder 100 m zuschreibt.

Ausser Quadersandstein tritt jedoch in der sächsischen Schweiz über dem Pläner auch eine Mergelschicht auf. Dieselbe wurde von Geinitz zuerst in einem Eisenbahneinschnitte bei Zatzschke nördlich von Pirna (etwa in 170 m Höhe) näher studiert, den Baculitenmergeln parallelisirt und über den oberen Quader gestellt. Dieser Mergel scheint aber nicht unmittelbar auf dem Copitzer Grünsandstein, sondern ungefähr 50 m höher als derselbe zu liegen. Damit stimmt es gut überein, dass der für seine Fortsetzung gehaltene Mergel von Wehlen in 190 m Höhe liegt, während der Pläner hier ungefähr in 130 m Höhe zu liegen kommt. Auf der gegenüberliegenden Elbseite tritt ein Thon bei Naundorf in 240 m Höhe (mit verhältnismässig steilem, nach SW gerichteten Einfall) auf. Auch zwischen Königstein und Schneeberg ist der Sandstein in einiger Höhe über der Plänerschicht auffallend thonig, doch ist der Zusammenhang dieses thonigen Sandsteins mit dem Mergel von Zatzschke noch nicht erwiesen. Bei Wehlen wird der Mergel bereits von einigen Sandsteinbänken überlagert; nach SE erhebt sich der Sandstein in einer Reihe von Stufen immer höher, und diese Stufen müsste man als Verwerfungen betrachten, wenn der Mergel den oberen Quader überlagern soll. Aber dann müssten wir am Winterberge ungefähr in 450 m Höhe die Plänerschicht finden, was nicht der Fall ist, aller Sandstein darunter müsste mittlerer und unterer sein, während seine grobkörnige Beschaffenheit und sein lockeres Gefüge sowohl wie seine spärlichen Versteinerungen ihn entschieden als oberen charakterisieren. Die Verwerfung würde doch auch kaum an der Elbe Halt machen, sondern auf das linke Elbufer hinübergreifen und würde dort den östlich davon auftretenden Pläner in ein viel höheres Niveau als den westlich gelegenen gerückt haben, während wir thatsächlich keinen derartigen Gegensätzen begegneten. Der Mergel von Zatzschke und Wehlen kann danach nur als eine Einlagerung in einem ziemlich tiefen Niveau des sächsischen oberen Quaders betrachtet werden, eine Einlagerung, die nach Osten hin auskeilt oder versandet. Er ist also entweder den Priesener Mergeln der Prager Geologen gar nicht zu parallelisieren, oder diese liegen, wie Gümbel und Hochstetter meinen, nicht über, sondern zwischen dem oberen Quader Sachsens, der dann Iser- und Chlomecker Schichten zugleich repräsentierte.

Ebensowenig wie die Stufen zwischen Pirna und dem Winterberge haben die meisten anderen grossen Terrainstufen etwas mit Verwerfungen zu thun. Eine solche Stufe findet sich am Gottleubathal, dessen östlicher Rand den westlichen um 80 m überragt; wäre diese Stufe durch eine Verwerfung bedingt, so müssten sämtliche Schichten am östlichen Gehänge um 80 m höher als am westlichen auftreten; thatsächlich aber liegen der mittlere Quader und der mittlere Pläner auf beiden Seiten in gleicher Höhe, rechts folgt der obere Quader, der links überhaupt fehlt. Die Wände des Winterbergs und Prebischthors erheben sich hoch und schroff über die Rosendorfer Ebenheit; diese wird von mittlerem Quader gebildet und ihm, nicht oberem Quader, müssten wir auch in der Höhe jener Wände begegnen, wenn dieselben durch Verwerfung entstanden wären. Auch weiter nordwestlich finden wir auf dem rechten Elbufer fast nur oberen Quader, während eine Verwerfung längs der Elbe den mittleren Quader und den Pläner in die Höhe gebracht haben müsste. Dieser findet sich thatsächlich, wie wir sahen (S. 262 [18]), in geringer Höhe über dem Elbspiegel und schliesst sich dem Pläner des linken Elbufers an. Noch deutlicher beweisen die Tyssaer Wände ihre Unabhängigkeit von Verwerfungen, denn wenn man von ihrem Kamme, der aus mittlerem Quader besteht, zu dem an ihrem Fusse gelegenen Dorfe Tyssa hinabsteigt, so kommt man nicht von neuem auf mittleren Quader, sondern durch unteren Quader, dessen Vorhandensein durch zahlreiche lose Blöcke bekundet wird, auf Gneiss.

In dem Profil durch die sächsische Schweiz, welches Hochstetter in der Allgemeinen Erdkunde giebt, erscheint die nach der Elbe hin abnehmende Meereshöhe der Plänerschicht und der Auflagerungsfläche des Quadersandsteins auf dem Grundgebirge durch zwei grosse, der Elbe parallel verlaufende, Verwerfungen bedingt. Aber auch zur Annahme dieser Verwerfungen ist kein Anlass vorhanden, denn jene Höhenabnahme wird vollständig durch die sanfte Schichtenneigung erklärt, welche man südlich einer von Pirna nach Dittersbach i. B. verlaufenden Linie an zahllosen Stellen bemerken kann [1]). Je mehr wir uns von SW her der Elbe oder der Kamnitz nähern, um so schwächer wird die Schichtenneigung; auf der Nordseite dieser Flüsse, bezw. der Linie Pirna-Dittersbach ist sie dem Auge im allgemeinen kaum mehr wahrnehmbar, die Schichten liegen horizontal, ja gegen die Lausitzer Granitgrenze hin tritt teilweise sogar eine Neigung in umgekehrtem Sinne ein.

---

[1]) Vgl. v. Gutbier, Geognostische Skizzen S. 19 ff.

III. Die Lausitzer Granitüberschiebung.

Die Lagerungsverhältnisse an der Grenze zwischen dem Quadersandstein und dem Lausitzer Granit, Gneiss und Syenit haben seit langem das Interesse der Geologen in hohem Grade erregt. Nachdem zuerst Weiss im Jahre 1827 die Aufmerksamkeit auf die merkwürdigen Aufschlüsse von Hohnstein und Weinböhla gelenkt hatte, haben zahllose Geologen diese und benachbarte Punkte besucht, ist eine ausserordentlich umfangreiche Litteratur über dieselben entstanden[1]). Statt dass nämlich der Quadersandstein den Granit, Gneiss und Syenit des Lausitzer Berglandes längs einer sanft geneigten Ebene bedeckte, sehen wir ihn vielmehr senkrecht gegen dieselben abstossen, steil an ihnen aufgerichtet oder sogar von ihnen überlagert, und an einzelnen Stellen steil geneigte Kalk- und Thonschichten dazwischen eingeschoben, welche sich durch ihre Versteinerungen unzweifelhaft als der Juraformation angehörig erweisen, aber nicht in der gewöhnlichen, sondern in umgekehrter Reihenfolge erscheinen.

Der nordwestlichste Punkt, an welchem die bezeichneten Störungserscheinungen auftreten, liegt östlich vom Dorfe Oberau, wo der Granit mit einer unter $30-35°$ geneigten Grenzfläche deutlich über dem Pläner lagert, dessen Schichten unter $20-30°$ gegen den Granit einfallen (Cotta a. a. O. S. 13). In den grossen Kalkbrüchen von Weinböhla ist an einer Stelle der Syenit in genau derselben Weise über dem Pläner gelagert (Cotta S. 14), einige hundert Meter davon entfernt aber sieht man (vgl. Figurentafel) den ungefähr unter $10°$ nach E einfallenden, von cretaceischem Thon und Mergel überlagerten Plänerkalk sich plötzlich steil nach der entgegengesetzten Seite aufrichten und durch die senkrechte Schichtenstellung hindurch sogar noch eine überkippte Lage annehmen; das Ganze wird von einer sanft westlich geneigten Fläche abgeschnitten, auf der diluvialer Sand mit ganz ungestörten Schichten lagert. Gleich dahinter sieht man auch hier den Syenit, der sich ungefähr 40 m über die Oberfläche des Pläners erhebt, um sich dann zu einer Platte auszubreiten.

Bis jenseits Pillnitz wird der Nordostrand des Elbthales durch den Abfall dieser Syenit-Granitplatte gebildet, welcher im ganzen von NW nach SE verläuft, aber mehrere auffällige Krümmungen zeigt. Denn auf ein von NNW nach SSE gerichtetes Stück folgt zwischen Wackerbarths Ruhe bei Naundorf und dem Heller bei Dresden eine

---

[1]) Für das heutige Studium sind am wichtigsten:
B. Cotta, Geognostische Wanderungen. 2. Heft. Dresden 1838,
O. Lenz, Ueber das Auftreten jurassischer Gebilde in Böhmen. Zeitschr. f. d. ges. Naturw. 1870 (auch als Leipziger Dissertation).
v. Dechen, Grosse Dislokationen. Sitzungsber. d. niederrhein. Gesellsch. f. Natur- und Heilkunde in Bonn. 1881. S. 14 ff.,
welche eine ausführliche Beschreibung sämtlicher Aufschlüsse enthalten, sowie mehrere paläontologische Arbeiten von G. Bruder in Sitzungsber. der Wiener Akad., LXXXIII (1881), LXXXV (1882) und XCIII (1886), und Denkschriften derselben 1885, II, S. 233 ff. In der letzten Arbeit auch ein vollständiges Verzeichnis der Litteratur. Vgl. die zusammenfassende Arbeit desselben Autors in Lotos Jahrb. f. Naturw. N. F. 7. Bd. Prag 1886, S. 1 ff.

östlich gerichtete Strecke, dann wird bis Pillnitz die Streichrichtung wieder SSE bis SE, während sie von Pillnitz bis Dittersbach i. S. erst östlich, dann sogar nordöstlich ist. Dieser Abfall ist thatsächlich viel steiler, als er infolge der ihm bis zu beträchtlicher Höhe vorgelagerten diluvialen Sandmassen an den meisten Stellen erscheint; der Pläner hat sich an ihm nur in wenigen undeutlichen Fetzen erhalten, die aber genügend sind, um ihn als eine Fortsetzung jener Störungslinie zu charakterisieren; am Heller sieht man den Pläner unter 70—80° am Syenit aufgerichtet (Cotta S. 15), südlich vom Porsberg findet sich in halber Höhe des Abhanges (in 200—250 m) eine schmale Zone von Sandsteinklippen, welche von W nach E streichen und unter 45—70° nach S einfallen.

Von Bonnewitz an werden diese gestörten Schichten nicht mehr von Quartärbildungen bedeckt, sondern erscheinen als Grenzwächter für die ausgedehnten horizontalen oder schwach geneigten Sandsteinmassen, welche von hier aufwärts beide Seiten des Elbthales einnehmen. Aber im ganzen lässt sich die Grenze nur mangelhaft beobachten. Zwischen Dittersbach i. S. und Eschdorf fand Naumann die Quadersandsteinbänke, ähnlich wie südlich vom Porsberge, unter 30° vom Granit abfallend und zugleich mit glatten Reibungsflächen versehen, die sich von hier der Grenze entlang bis jenseits Zittau verfolgen lassen, während sie mitten im Sandsteingebiete fast niemals gefunden wurden (Cotta S. 16). Von hier zieht sich die Grenze noch bis zum Wesenitzthale, welches sie südlich von der Dittersbacher Brücke erreicht, in nordöstlicher Richtung, wendet sich dann aber wieder nach Südost, um diese Richtung bis in die Gegend von Schandau beizubehalten. In der einspringenden Ecke von Dittersbach erhebt sich der Quadersandstein, der hier bis zu 330 m hoch liegt, ähnlich wie bei Zittau, beträchtlich über das angrenzende Granitterrain, aber schon bei Dobra lehnt sich der Sandstein wieder an den Granit an; die Grenze liegt hier bei 300 m, um sich jedoch am Hutberg westlich von Hohburkersdorf auf 380 m zu erheben. Freilich besitzt nur ein schmaler Sandsteinstreifen diese Höhe, während die eigentliche Platte 60 m tiefer liegt. Der Sandstein scheint hier sanft nach W einzufallen, umherliegende Bruchstücke eines lichtblauen Kalkes deuten vielleicht das Auftreten der Juraformation an. Nach Rathewalde hin wird die Oberfläche des krystallinischen Gesteins, das hier sicher Gneiss ist, allmählich niedriger und tritt direkt an die Sandsteinplatte heran. Beim Gasthof zum Hockstein wird ein nach S einfallendes Konglomerat (oder vielmehr Breccie) abgebaut, das aus eckigen Bruchstücken von thonigem Kalkstein und feinkörnigem Oolith besteht, reich an Pholaden ist und von Geinitz[1]) dem unteren Quader zugerechnet wird. Unmittelbar nördlich davon finden wir, in etwas grösserer Höhe, den Gneiss nach ESE, also parallel der Sandsteingrenze, streichend und unter 30° nach NE einfallend; gleich südlich davon tritt der obere Quader auf, der schon in geringer Entfernung regelmässig horizontal gelagert ist, unmittelbar an der Gneissgrenze aber, wie man

---
[1]) H. B. Geinitz, Elbthalgebirge I, S. 63.

beim Abstieg zum Polenzthal bemerken kann und wie durch Schurfe noch klarer gezeigt wurde (Cotta S. 17), teils unter einem Winkel von 10° dem Gneiss zugeneigt ist und von demselben überlagert wird, teils auch, unter steilerem Winkel (40°), von demselben abfällt. Beim Abstieg ins Thal weicht die Grenze (vgl. Cotta Tafel 1) nach NE aus, um beim Anstieg auf der anderen Thalseite in die Verlängerung der alten Streichrichtung zurückzukehren, ein Beweis, dass die Grenzfläche nach NE einfällt. Auf dieser anderen Thalseite liegt das Städtchen Hohnstein und gleich hinter demselben die Kalkgrube, welche den berühmtesten Punkt der ganzen Grenze bildet, aber heute lange nicht mehr so gut wie früher aufgeschlossen ist. In dieser Grube sind oder waren verschiedene Kalke, Mergel, Thone und Sandsteine aufgeschlossen, die unter 37—47° unter den Granit (Gneiss) einschiessen und sich durch ihre Versteinerungen deutlich als Glieder der Juraformation erweisen, und zwar so, dass die zuoberst liegenden Schichten einem älteren, die zuunterst liegenden Schichten einem jüngeren Gliede derselben angehören, denn es folgen, wie Bruder gezeigt hat, von oben nach unten Kelloway, Oxford, Corallien und Kimmeridge. Auch bei Versuchsbauen zwischen Hohnstein und dem tiefen Grunde fanden sich zwischen dem Sandstein und dem unter 20—25° darüber liegenden Granit mergelige und thonige Glieder eingeschaltet. Von da aber bis Saupsdorf ist die Juraformation bisher nicht gefunden worden, obwohl die Grenze zwischen Quadersandstein und Granit mehrfach von Thalläufen durchschnitten wird.

Von Hohnstein zieht sie zuerst in südöstlicher Richtung über den tiefen Grund und das Sebnitzthal hinüber, um südlich von Altendorf auch die Kirnitzsch zu kreuzen und am Gehänge der Hohen Liebe hoch hinanzusteigen, sich dann aber nach Osten zu wenden, auf die Nordseite der Kirnitzsch zurückzutreten und mit Ausnahme einer kleinen Strecke oberhalb der Lichtenhainer Mühle auf derselben zu verbleiben. Der unmittelbare Kontakt ist meist im Gebüsch der Gehänge verborgen, so dass die Lage der Grenzfläche erst bei genauer kartographischer Aufnahme festgestellt werden wird. Am Kirnitzschberge und am Eingange des nassen Grundes sieht man die Sandsteinbänke unter 15—20° nach E geneigt, und bei der Lichtenhainer Mühle und bei Schandau scheinen sie sanft dem Granit zuzufallen. Gutbier (S. 53) fand an diesen Grenzpunkten einzelne fast glasharte Sandsteinblöcke mit ausgezeichneten Reibungsflächen, die oft an einer Stelle glatt poliert, an einer anderen mit Frictionsstreifen versehen sind, und zeichnet mit Eisenocker erfüllte Klüfte und Geoden im Sandstein, deren Entstehung er ebenfalls mit der Granitgrenze in Zusammenhang bringt.

Bei Saupsdorf ist die Grenze wieder durch Grubenbaue schön aufgeschlossen (Cotta S. 34 f.). Die Grenze fällt mit 30°, im Stollen ungefähr mit 60° unter den Granit ein; zwischen diesem und dem Sandstein, der im nahen Kirnitzschthale völlig horizontal liegt, liegt eine nach beiden Seiten zu sich bald auskeilende Masse von Mergel und gelbem Kalkstein, welche zwar noch keine Versteinerungen geliefert hat, aber der Analogie nach als Jura gedeutet werden muss.

In einem alten Kalkbruche östlich von Hinterhermsdorf fand Lenz (a. a. O. S. 4) in der That auch einige Juraversteinerungen auf. In Bezug auf die Lagerungsverhältnisse sind aber die Ergebnisse einiger Versuchsbaue viel lehrreicher, welche man im Jahre 1834 in dieser Gegend vornahm, um auf fiskalischem Grunde Kalkstein zu finden (Cotta S. 36 ff.). In unmittelbarer Nachbarschaft fand man hier die Grenze ziemlich verschiedenartig ausgebildet; teils stand sie senkrecht, teils war sie nach N, also vom Sandstein ab, geneigt, und zwar verminderte sich diese Neigung bis auf 10^0, so dass der Granit weit über den Sandstein hinübergeschoben war. Dieser stiess teils mit horizontalen Bänken gegen den Granit ab, teils war er bis zu 20^0 gegen den überliegenden Granit geneigt, jedoch war die Neigung immer weniger steil als die Grenzfläche. Dieser parallel fand sich meist eine dünne Lage von Sand, Thon, Mergel oder Kalk zwischen Granit und Sandstein eingeschaltet. Eine Aufrichtung der Sandsteinschichten am Granit wurde hier nirgends bemerkt, dagegen ruhte an einer Stelle, am Benediktstein, horizontal geschichteter Sandstein ohne fremdartige Zwischenlagerung auf dem Granit auf.

Wenige Kilometer östlich vom Benediktstein liegt, oder lag vielmehr, schon auf böhmischem Gebiete, der Kalkbruch von Sternberg, der ebenso wie die folgenden Aufschlüsse von dem späteren Afrikareisenden Lenz beschrieben worden ist. Die Grenze geht hier aus ihrer östlichen Richtung eben wieder in eine südsüdöstliche Richtung über, die sie etwa bis Kreibitz beibehält. Der Kalkstein mit den zugehörigen Thonen, die nach Bruder die Oxfordgruppe, d. h. die unterste Abteilung des weissen Jura, repräsentieren, bilden eine linsenförmige Einlagerung an der Grenze von Granit und Quadersandstein, die von NW nach SE streicht und unter $30-35^0$ nach NE, also dem Granit zu, einfällt. Hier aufgefundene Belemniten zeigen ganz ähnliche Knickungen und Verdrückungen, wie sie in Faltengebirgen beobachtet worden sind[1]). Bei Khaa, am nordwestlichen Fusse des phonolithischen Maschkenberges, sind die Lagerungsverhältnisse nicht mehr aufgeschlossen; die Versteinerungen weisen jedoch darauf hin, dass hier ausser dem weissen auch brauner Jura vertreten ist. Gerade im Gegensatze zu dieser Stelle hat ein Bruch am Südfusse des Maschkenberges, östlich von Neu-Daubitz, so gut wie keine Versteinerungen geliefert, lässt aber die Lagerungsverhältnisse ziemlich deutlich erkennen[2]). Kalk und Thon, die vermutlich der Juraformation angehören, sind auch hier zwischen den Granit und den eigentlich horizontalen Quadersandstein eingeschaltet und fallen, bei südsüdöstlicher Streichrichtung, nach dem Granit hin ein, aber nicht unter gleichbleibendem Winkel, sondern sich nach oben allmählich flacher legend; in diesem flacheren Teile setzt ein etwa 20 m mächtiger senkrechter Gang von Basalt hindurch, welcher nach dem Rande hin höchst auffallende Umwandlungserscheinungen zeigt.

---

[1]) Bruder, in den Sitzungsber. d. Wien. Akad. 1881, 1. Abtlg., S. 51.
[2]) Die Darstellung der Lagerungsverhältnisse, welche nicht ganz mit der von Lenz gegebenen übereinstimmt, beruht auf Besuchen der Oertlichkeit am 6. September 1886 und am 20. Mai 1887.

Hier können wir die Betrachtung dieser Grenzlinie abschliessen, welche mit ähnlichen Störungserscheinungen am Nordfusse des Oybin und am Südfusse des Jeschkengebirges entlang bis über Liebenau verfolgt worden ist.

Man hat diese merkwürdigen Lagerungsverhältnisse auf verschiedene Weise zu erklären versucht. „Weiss hielt dafür, Granit und Syenit seien als feste Gesteine zugleich mit den Hohnsteiner Kalksteinschichten durch plutonische Kräfte über die Glieder der Kreideformation hinweggeschoben worden." Kühn und Klipstein betrachteten ebenfalls den Granit für älter als den Quadersandstein, aber meinten, dass dieser nebst den Hohnsteiner Schichten, die sie für Pläner erklärten, unter überhängenden Klippen desselben abgelagert worden wäre. Naumann dagegen dachte sich ursprünglich den Granit und Syenit erst nach der Kreidezeit in heissflüssigem Zustande emporgequollen, und Leonhard bildete diese Ansicht dahin aus, dass der durchbrechende Granit vorhandene ältere Gesteine über den Quadersandstein geschoben habe [1]).

Am leichtesten lässt sich die Kühn-Klipsteinsche Theorie widerlegen, denn der Ueberhang des Granites und Syenites ist stellenweise so bedeutend, dass er unmöglich erst später durch untergelagerte Gesteine gestützt worden sein kann; dazu würde die überkippte Lage der Jurabildungen unerklärt bleiben. Aber auch für jüngere Eruptivbildungen können wir die den Quadersandstein überlagernden krystallinischen Gesteine nicht ansehen, denn nirgends zeigen sich Apophysen derselben im Sandstein, nirgends finden sich Sandsteinbruchstücke im Granit, wohl aber Granitbruchstücke in den Konglomeraten der Jura- und Kreideformation; der Syenit von Weinböhla lässt sich nicht von dem Syenite des Plauenschen Grundes trennen, welcher vom Quader und Pläner auf weite Erstreckung überlagert wird; das Gestein von Hohnstein ist deutlich geschichtet und wird passender als Gneiss denn als Granit bezeichnet, und südöstlich von hier, am Jeschkengebirge, ist der Sandstein an unbezweifelt sedimentärem Thonschiefer aufgerichtet. Man ist deshalb zu der im wesentlichen schon von Weiss geäusserten Ansicht zurückgekehrt, dass der Granit und Gneiss der Lausitz älter als der Quadersandstein, und dass die jetzigen Lagerungsverhältnisse die Folge einer späteren Bodenbewegung seien. Dies Resultat entspricht ganz den Anschauungen, welche man heute überhaupt über die Entstehung der Gebirge gewonnen hat, da man die Ursache derselben, mit ganz wenigen Ausnahmen, nicht mehr in der Einwirkung eruptiver Gesteine, sondern in den allgemeinen physikalischen Verhältnissen unseres Planeten sieht.

Natürlich ist es von grosser Bedeutung zu wissen, welcher Art diese Bodenbewegung gewesen ist. Dass man es mit keiner eigentlichen Faltung zu thun hat, wie sie die Alpen, den Schweizer Jura und andere Gebirge erzeugte, ist leicht einzusehen, denn der Quadersandstein tritt mit beinahe horizontalen Bänken an die Dislokations-

---

[1]) Vgl. Cotta a. a. O. S. 4 ff. Naumann änderte später seine Auffassung und schloss sich der Weiss'schen Ansicht an. Vgl. Geognosie I, S. 931.

linie heran und tritt nicht zwischen den archäischen Gesteinen des Lausitzer Berglandes von neuem auf, wie er es bei einer Faltung müsste. Freilich haben auch in dieser Gegend, wie wir sahen, Faltungen stattgefunden, aber dieselben gehören viel älteren Erdperioden an und waren beim Vordringen des Kreidemeeres längst abgeschlossen. Die Dislokation, mit der wir uns beschäftigen, kann aber erst nach der Ablagerung des Quadersandsteins stattgefunden haben, da dieser eben gestört erscheint. Sie war dagegen beim Absatze des Sandes von Weinböhla und wahrscheinlich auch bei der Bildung des Basaltganges von Neu-Daubitz vollendet, da derselbe die gestörten Schichten senkrecht durchschneidet. Nun werden wir sehen, dass die Basaltdurchbrüche grossenteils in oligocäner Zeit erfolgt sind, so dass die Entstehung der Dislokation wahrscheinlich ebenfalls in oligocäne oder auch schon in eocäne Zeit fällt. Für eine sicherere und genauere Zeitbestimmung liegen in unserem Gebiete keine Anhaltspunkte vor; vielleicht wird die Untersuchung der Gegend von Zittau dieselben einst gewähren.

Unsere Dislokation trägt also wesentlich den Charakter einer Verwerfung, bei welcher zwei in sich unveränderte Erdschollen in vertikaler Richtung gegeneinander verschoben worden sind. Stellenweise ist die Verwerfung längs einer senkrecht stehenden Verwerfungsfläche ohne weitere Störung erfolgt; der nordöstliche, Lausitzer, Flügel erscheint gegenüber dem südwestlichen, Elbthalflügel, gehoben. Aber ob dieses Resultat aus einer wirklichen Hebung desselben oder aus einem Absinken des anderen Flügels oder aus einer gleichsinnigen, aber ungleich grossen Bewegung beider hervorgegangen ist, lässt sich zunächst nicht beurteilen. An anderen Stellen fanden wir die Sandsteinschichten am archäischen Gesteine aufgerichtet; die Schichten sind also an der Verwerfung geschleppt worden, was gleichfalls sowohl bei einer Hebung des einen wie bei einer Senkung des anderen Flügels geschehen sein kann. Ob die Verwerfungsfläche, statt senkrecht zu stehen, mitunter vom Granit abfällt, ist nicht bekannt, dagegen sahen wir sie vielfach steil oder auch ganz flach dem Granit zufallen, also den Sandstein schräg nach oben abschneiden; die Sandsteinschichten selbst erscheinen teils unverändert, teils beugen sie sich unter die schräg liegende Dislokationsfläche und den darauf lagernden Granit hinab. Diese Ueberschiebungen des Granits über den Sandstein lassen sich nur als eine wesentlich horizontale Bewegung des ersteren auffassen, welche zu der im ganzen wichtigeren vertikalen Bewegung hinzutritt. Die einfachere Annahme ist daher, auch diese vertikale Bewegung dem Granit zuzuschreiben, aber möglich ist es auch, dass der Sandstein absank und nun erst der Granit sich über denselben ausbreitete oder, nach dem Ausdrucke von Suess[1], rückgefaltet wurde; die Schichtenneigung der Randzone des Quadersandsteins kann ebensogut Anlass wie Wirkung der Ueberschiebung sein. Auch die komplizierteren Störungserscheinungen, welche wir bei Weinböhla, Hohnstein u. s. w. fanden, geben uns über die Art der Verwerfung keinen

---

[1] Antlitz der Erde I, S. 181.

Aufschluss, denn sie bestehen lediglich in einer Vereinigung von Schleppung und Ueberschiebung. Bei Weinböhla wurde nur eine oberflächliche Schicht des südwestlichen Flügels, der Plänerkalk, von dieser Aufrichtung und Ueberkippung betroffen, am Hockstein dagegen wurde das unterste Glied der Kreideablagerungen, ein kalkiges Konglomerat, bei Hohnstein, Saupsdorf, Hinterhermsdorf, Sternberg und am Maschkenberge wurden unter dem Quadersandstein liegende Fetzen der Juraformation heraufgezogen und zwischen Sandstein und Granit eingepresst. Der Charakter der Dislokation lässt sich also vorläufig noch nicht mit Sicherheit bestimmen; es ist möglich, dass einfach der nordöstliche Flügel teils gerade, teils schräg nach aufwärts geschoben wurde, aber es ist auch möglich, dass die Bewegung in erster Linie in einem Absinken des südwestlichen Flügels bestand, über dessen Rand sich dann der nordöstliche Flügel ausbreiten konnte. Vielleicht werden sich bei der geologischen Kartenaufnahme, bei welcher man natürlich die Verhältnisse viel eingehender studieren wird, als wir es konnten, zwischen den westöstlich und den von NW nach SE gerichteten Strecken der Dislokation charakteristische Unterschiede herausstellen, welche auf die Entstehung derselben überhaupt ein helleres Licht werfen.

Der Quadersandstein muss einst auch die Lausitzer Platte oder wenigstens den nach der sächsischen Schweiz hin gelegenen Rand derselben bedeckt haben, denn es lässt sich kein Grund denken, warum die Verwerfung gerade mit der Bildungsgrenze des Sandsteins zusammenfallen sollte. Und zwar müssen die untersten Glieder des Sandsteins dem Granit zunächst aufgelegen haben, da sie ja gerade an der Verwerfung geschleppt worden sind. Nur an wenigen Punkten finden wir den Sandstein noch auf der Platte erhalten, nämlich am Benediktstein bei Hinterhermsdorf und in einer etwas grösseren Partie bei Weissig nördlich von Pillnitz. Hier wird er südlich von dem granitischen Trieben- und Porsberg, nördlich von den Amygdalophyrhügeln des Hut-, Linden- und Hermsberges überragt. Soweit die schlechten Aufschlüsse erkennen lassen, ist die Lagerung horizontal; die gefundenen Versteinerungen weisen den hiesigen Quader und Pläner der untersten Abteilung zu, wodurch sie einen auffallenden Gegensatz zu dem oberen Quadersandstein des am Fusse der Verwerfung gelegenen Liebethaler Grundes bilden.

Die Erwägung, dass Quadersandstein einst die Platte bedeckte, gibt uns auch einen Massstab zur Beurteilung der Grösse der Dislokation. Denn die Sohle des Quadersandsteins, die ungefähr 100 m unter der Plänerschicht liegt (vgl. S. 261 [17]), muss sich ursprünglich mindestens in der Höhe der Platte befunden haben. Bei Hinterhermsdorf können wir diese in 400 m, die Basis der Kreide in 100 m setzen, so dass die Verwerfung 300 m beträgt. Ungefähr denselben Wert erhalten wir bei Rathewalde und Hohnstein, da hier die Granitplatte 350 m hoch ist und die Sohle des Sandsteins ungefähr in 50 m liegen muss. Ebenso bei Pillnitz, wo diese sich etwa im Meeresspiegel befindet und der Sandstein von Weissig in 280 m auflagert. Bei Dresden beträgt die Differenz zwischen dem Boden der Kreideablagerungen, der 40 m unter dem Meeresspiegel liegt (vgl.

S. 260 [16]) und der Höhe der Granitplatte (200 m), in welcher wir die alte Auflagerungsfläche des Sandsteins zu sehen geneigt sind, nur noch 240 m, obgleich die Sohle des Sandsteins gerade bei Dresden ausnahmsweise tief liegt. Nach Meissen zu scheint sich dieselbe wieder zu heben, da wir in 100—150 m Höhe horizontal gelagerten unteren und mittleren Pläner finden und bei Koswig innerhalb der Elbaue bereits Syenit auftritt. Da die Platte dagegen hierher etwas niedriger geworden ist, würde die Dislokation kaum mehr als 100—150 m betragen. Die Sprunghöhe der Verwerfung scheint also nach NW hin abzunehmen, der nordwestliche Teil des Elbthales also verhältnismässig wenig abgesunken, bezw. der nordwestliche Teil der Lausitz verhältnismässig wenig gehoben zu sein.

IV. Die erzgebirgische Bruchlinie und die Bildung der Basaltkegel.

Die erzgebirgische Flexur.

Der Südrand der sächsischen Schweiz ist nicht so scharf ausgeprägt wie der Nordostrand, aber auch nicht so unbestimmt wie der Westrand. Er ist nicht wie dieser auf Denudation, sondern wie jener auf eine Dislokation zurückzuführen, aber die Dislokation ist nicht wie dort eine scharfe Linie, sondern bildet einen oft mehrere Kilometer breiten Streifen.

Die Sandsteinschichten, welche wir bisher, von der unmittelbaren Grenze der Lausitzer und der Cossebauder Dislokation abgesehen, immer in horizontaler oder ganz sanft nach N bis NE geneigter Lagerung angetroffen haben, fallen in der Nähe von Tetschen und längs einer von hier nach WSW und ENE verlaufenden Linie ungefähr unter einem Winkel von 20° nach Süden ein und werden bald von den Basalten und Phonolithen des böhmischen Mittelgebirges überdeckt. Wir haben es also mit einer Form der Dislokation zu thun, welche man erst neuerdings besser gewürdigt und als Flexur oder auch als monoklinale Falte bezeichnet hat[1]). Die Flexuren sind häufig mit Brüchen vergesellschaftet und scheinen besonders nach der Tiefe in diese überzugehen; auch ihrem Wesen nach sind sie am nächsten mit den Brüchen verwandt, von denen sie sich eigentlich nur dadurch unterscheiden, dass der Zusammenhang zwischen den beiden Flügeln im ganzen gewahrt bleibt, so dass man sie auch als Brüche mit vollkommen geschleppten Flügeln auffassen kann. Damit soll jedoch nicht

---

[1]) Suess, Das Antlitz der Erde I, S. 171.

gesagt sein, dass die Schichtenbeugung eine wirklich bruchlose sei, wie es Heim u. a. für viele wahre Falten nachgewiesen haben; nur bei genauer Untersuchung wird man unterscheiden können, in welchem Umfange der Zusammenhang der Schichten durch die Dislokation oder durch Erosion zerstört ist.

Auch die Flexur am Südrande der sächsischen Schweiz steht mit einem Bruche in Verbindung und ist gewöhnlich einfach als Bruch bezeichnet worden. Sie ist ein Teil des grossen Bruches, welcher den ganzen Südrand des Erzgebirges begleitet und den mauerartigen Absturz desselben erzeugt, während dasselbe Gebirge nach Norden hin ganz sanft abgedacht ist. Der westliche Teil dieses Absturzes scheint durch einen eigentlichen, teilweise staffelförmig abgestuften, Bruch gebildet zu sein. Die Kreideschichten jedoch, welche von Ossegg an am Gebirgsfusse auftreten, sind stets unter 20—40°, mitunter sogar unter 60° nach Süden geneigt und haben sich einst auch an den höheren Teilen des Abhanges hinan bis auf den Kamm des Gebirges gezogen, wo gegenwärtig am Sattelberg das westlichste Vorkommen ist. Da der untere Quader hier in 700 m Höhe liegt, am Gebirgsfusse aber mindestens bis 150 m einfällt, erreicht die Niveauveränderung hier einen Betrag von wenigstens 500—600 m; weiter westlich war sie jedenfalls noch bedeutender, da der Kamm daselbst bis 1300 m aufragt, während dieselben Gesteine am Fusse unter 200 m liegen. An der Nollendorfer Wand und südlich des Schneeberges begegnet man den geneigten Sandsteinschichten am Fusse sowohl wie in beträchtlicher Höhe. Auf beiden Seiten der Elbe etwas unterhalb Tetschen kann man sehen, wie die horizontalen Schichten der hier 400 m hohen Sandsteintafel sich erst langsam nach Süden neigen und dann, im Pfaffenhübel und Quaderberg, steiler zur Peiperzer Schlucht und zur Stadt Tetschen abstürzen. Aber südlich der Peiperzer Schlucht und südlich der Stadt Tetschen zeigen die 280 m hohe Schäferwand und der Tetschener Schlossberg ebenfalls nach Süden einfallende Sandsteinbänke, die erst jenseits Bodenbach und des Polzenthales unter den Basalt des Poppenberges und der Kollmener Scheibe einkriechen. Nach Krejči [1]), treten bei dem Dorfe Kalmwiese am oberen Ende der Peiperzer Schlucht, bei Bodenbach und in Tetschen Baculitenmergel auf, weshalb er längs der Peiperzer Schlucht eine Verwerfung mit gehobenem Südflügel, also eine dem Schichteneinfall entgegenwirkende Verwerfung, verlaufen lässt. Da wir jedoch sogenannte Baculitenmergel an anderen Stellen von mächtigen Sandsteinmassen überlagert fanden (vgl. S. 263 f. [19 f.]), wollen wir auch dieser Verwerfung gegenüber noch eine gewisse Skepsis bewahren. Von Tetschen wurden die Mergel über Loosdorf, Günthersdorf und Alt-Ohlisch bis gegen Böhmisch-Kamnitz verfolgt, wo darüber noch Quadersandstein lagert. Diesen rechnen die Prager Geologen den Chlomecker Schichten zu und stellen ihn in ein höheres Niveau als die Iserschichten des Winterberges, aber da sich der unter den Mergeln liegende Quader ziemlich direkt an den die Weissenberger und die untersten Schichten des Isersandsteins repräsentierenden Sand-

---

[1]) Archiv d. böhmischen Landesdurchforschung I, 2, S. 75, 108 u. 128.

stein der Binsdorf-Rosendorfer Ebenheit anschliesst, gehört der Sandstein von Böhmisch-Kamnitz wohl mit dem Sandstein des Winterberges zusammen, während die gleichen Schichten in dem Zwischenraume grossenteils weggewaschen sind. Oestlich von Böhmisch-Kamnitz ist die Flexur meist unter Basalt und Phonolith verborgen. Ungefähr am Fusse der Lausche muss sie an die Lausitzer Dislokationslinie stossen; ob sie an derselben abbricht, sich umbiegt oder ungestört darüber hinaus fortsetzt und etwa die Ursache des tiefen Zittauer Beckens bildet, ist noch nicht untersucht worden, obwohl die genaue Untersuchung dieser Berührungsstelle nicht nur für die Mechanik der Dislokationen, sondern auch für die Erkenntnis ihres relativen Alters von grossem Interesse sein würde.

Auf den geneigten Kreideschichten lagern an vielen Stellen Tertiärschichten und zwar nach dem Urteile der neueren Beobachter in konkordanter Lagerung auf[1]). Die Tertiärschichten sind im unteren Teile entweder Sandstein oder ein lockerer Sand mit harten quarzitischen Bänken und Blöcken, im oberen Teile lichte oder bunte Thone mit etwas Braunkohle; sie entsprechen also vollkommen der Knollensteinzone oder der untersten Abteilung des sächsischen Tertiärs, welche Herm. Credner als unteres Oligocän gedeutet hat[2]). Sie sind jedenfalls Süsswasserbildungen und werden teils als See-, teils als Flussabsätze aufgefasst. Vom Leipziger Flachlande aus, wo sie in geringer Höhe über dem Meeresspiegel erbohrt worden sind, steigen sie allmählich zum sächsischen Mittelgebirge und über das erzgebirgische Becken hinweg zum Kamme des Erzgebirges an, wo sie sich jedoch nur an wenigen Punkten, unter dem Schutze von Basalt- oder Phonolithdecken, erhalten haben. Vom Kamme des Erzgebirges senken sie sich plötzlich in die Tiefe des nordböhmischen Beckens, um jedoch auf dem Karlsbader Gebirge wieder in grösserer Höhe (etwa bei 700 m) aufzutreten. Hochstetter[3]) hat diese Lagerungsverhältnisse wohl zuerst richtig gedeutet, indem er im Gegensatze zu Jokély u. a. zeigte, dass die Bildung der erzgebirgischen Flexur und der Einbruch des nordböhmischen Beckens erst nach dem Absatze dieser Tertiärschichten erfolgt sein könne, und dass das Karlsbader Gebirge ein stehengebliebener Rest des im ganzen abgesunkenen Südflügels sei. Dass der Einbruch bald nach der älteren Oligocänzeit erfolgt ist, geht aus der Lagerung der jüngeren Bildungen hervor.

Auf den genannten Sanden und Thonen lagern fast überall Basalt- und Phonolithdecken nebst den dazu gehörigen Tuffen auf, selber wieder von basaltischen und phonolithischen Gängen und Stöcken durchsetzt[4]). Und auf diese oder wenigstens auf die Hauptmasse derselben, da einzelne Basalte und Phonolithe jünger zu sein scheinen,

---

[1]) Vgl. Laube, Geologische Exkursionen im Thermalgebiet des nordwestlichen Böhmen. Leipzig 1884, S. 39.
[2]) Credner, Das Oligocän des Leipziger Kreises. Zeitschr. d. deutsch. geol. Gesellsch. XXX (1878), S. 615 ff.
[3]) Jahrb. d. geol. Reichsanstalt 1856, S. 185 f.
[4]) Vgl. z. B. Bořický im Archiv f. böhm. Landesdurchforschung, II. Bd. I. Abtlg., 2. Teil, S. 212 ff., sowie Laube a. a. O. S. 20 ff.

folgen wieder gewöhnliche Sedimente, zu denen auch das Hauptbraunkohlenflötz gehört, und die für Oberoligocän oder Untermiocän gehalten werden[1]). Während die älteren Tertiärschichten durch ganz Nordböhmen gleichmässig ausgebildet sind, in den verschiedensten Höhen auftreten und oft eine steile Neigung zeigen, finden sich die jüngeren in drei verschiedenen Becken und sind nicht mehr aufgerichtet, sondern nur noch schwach verworfen. Die Häufigkeit der Erdbeben spricht dafür, dass die Bodenbewegungen auch heute noch nicht ganz erloschen sind[2]), aber das Resultat dieser Bewegungen ist verschwindend gering gegenüber dem grossen Einbruch der mittleren Oligocänzeit. Die tiefe Lage der Quartärbildungen bei Dresden, aus welcher Penck eine stärkere Fortdauer der Gebirgsbewegung gefolgert hat[3]), scheint in ganz anderen Umständen, nämlich in der Existenz eines anderen präglacialen Elblaufes unterhalb Dresden (zwischen Oberau und Grossenhain), begründet zu sein.

Wenn aber die Gebirgsbildung im ganzen auf eine geologisch kurze Periode, nämlich auf die mittlere Abteilung der Oligocänzeit, beschränkt war, so braucht man darum noch nicht zur Kataklysmentheorie zurückzukehren und an momentane Ereignisse zu denken. Die mittlere Oligocänzeit mag viele Jahrtausende repräsentieren, und die Bodenbewegung würde für ein menschliches Auge, wenn Menschen damals schon unseren Planeten bevölkert hätten, kaum wahrnehmbar gewesen sein. Mit der Bodenbewegung ist heute auch die vulkanische Thätigkeit erloschen, welche an dieselbe geknüpft war, und nur noch eine Reihe von Thermen bezeugen, in einer für den Menschen wohlthätigeren Weise, das Vorhandensein von Spalten in diesem Gebiete.

Die Basaltkegel.

Es liegt ausserhalb unserer Aufgabe, eine eingehende Schilderung des böhmischen Mittelgebirges zu geben[4]); wir müssen nur auf einige Punkte hinweisen, welche für das Verständnis der sächsischen Schweiz von Bedeutung sind. Wir hörten schon, dass die jüngeren Tertiärbildungen in drei getrennten Becken abgelagert sind, welche das vulkanische Mittelgebirge vom Erzgebirge trennen. Noch vom Mückentürmchen oder der Nollendorfer Höhe blicken wir in ein solches Becken, das Teplitz-Duxer Becken, hinab. Wenig östlich davon aber sehen wir die jüngeren Tertiärschichten ganz verschwinden und den Basalt und Phonolith sich nicht nur auf die geneigten Schichten des

---

[1]) Stur, Studien über die Altersverhältnisse der böhm. Braunkohle. Jahrb. geol. R.-A. 1876, S. 137 ff.
[2]) H. Credner, Das Dippoldiswaldaer Erdbeben. Zeitschr. f. ges. Naturw., 50. Bd. (1877), S. 275. Vgl. ibid. 57. Bd. (1884), S. 1 ff.
[3]) Länderkunde von Europa I, S. 428.
[4]) Vgl. besonders Jokély, Das Leitmeritzer vulkanische Mittelgebirge. Jahrb. geol. R.-A. 1858, S. 398.
Bořicky, Petr. Studien an den Basaltgest. u. Phonolithgest. Böhmens. Archiv f. böhm. Landesdurchforschung, II. Bd., 1. Abtlg., 2. Teil, und III. Bd., 2. Teil.
Laube, Exkursionen im böhm. Thermalgebiet. Leipzig 1884.

Bruchrandes, sondern östlich vom Kamnitzthale auch auf die Sandsteintafel selbst lagern. Das Mittelgebirge hängt östlich der Linie Aussig-Nollendorf unmittelbar mit der sächsischen Schweiz zusammen und bildet, topographisch betrachtet, ihren Kamm, da es überall die angrenzenden Teile derselben überragt. Das Quadersandsteingebirge ist heute bereits stark denudiert, aber auch das vulkanische Mittelgebirge muss bei seiner Bildung höher und zusammenhängender gewesen sein, so dass das Höhenverhältnis beider Gebirge sich nicht wesentlich verändert haben wird. Die Denudation des Mittelgebirges ist leider im einzelnen noch nicht studiert worden; ihr Studium würde auch für die sächsische Schweiz, namentlich für die Entstehung des Elbthales, von Wichtigkeit sein, aber ist viel zu umständlich, um beiläufig abgemacht werden zu können. Einzelne Basalte und Phonolithe mögen noch heute in der Form auftreten, in welcher sie ursprünglich gebildet wurden, die meisten scheinen aus einem lockeren Mantel von Tuffen herausgeschält worden zu sein, bei anderen, und zwar gerade bei vielen der Basalte, welche als nördliche Ausläufer des Mittelgebirges die sächsische Schweiz durchsetzen, müssen wir annehmen, dass sie als Intrusiv- oder Lagermassen innerhalb des Quadersandsteins oder Granits gebildet wurden und erst durch die Zerstörung der letzteren an die Oberfläche gekommen sind.

Man könnte denken, dass die Beantwortung dieser Frage für die Entstehungsgeschichte der sächsischen Schweiz ziemlich gleichgültig sei und uns allzu tief in das Gebiet der Geologie hineinführe, aber sie ist thatsächlich von hoher Bedeutung, denn die Beurteilung der Terrassenbildung, also des wichtigsten Charakterzuges im Relief der sächsischen Schweiz, hängt davon ab. Wären die Basalte der sächsischen Schweiz, wie man gewöhnlich annimmt, in der Oligocänzeit oberirdisch gebildet, so würden sie einen vorzüglichen Massstab für den Fortschritt der Denudation in der Oligocänzeit abgeben, die Auflagerungsfläche des Basaltes bezeichnete dann in jedem Falle die damalige Oberfläche. Aber bereits Cotta hat einigen Bedenken gegen die Berechtigung dieser Annahme Ausdruck verliehen[1]). Mehrere Basaltkuppen erheben sich in der Tiefe ziemlich enger Thäler: „waren dieselben bei ihrer Bildung schon vorhanden, so bleibt die unlösbare Frage, warum nicht das ganze Thal mit dem festen Basaltgesteine erfüllt, sondern nur eine einzelne Kuppe darin gebildet worden ist"; erst durch die Thalbildung scheine der Basalt aus der Sandsteindecke herausgewaschen worden zu sein. Ein anderes, von Cotta merkwürdigerweise übersehenes Beispiel, welches mich zu derselben Schlussfolgerung leitete, noch ehe ich Cottas Bemerkungen überhaupt kannte, bietet der Rosenberg dar. Dieser ausgezeichnet regelmässige Basaltkegel erhebt sich nordöstlich von Tetschen aus einer Sandsteinplatte, die an seinem Fusse 340 m hoch ist, bis zur Höhe von 620 m; die Basaltsäulen stehen auf dem Gipfel senkrecht und fallen auf dem Nordostabhange nach Nordost, also nach aussen, ein. Auf der Ost-

---

[1]) Cotta, Erläuterungen zur geogn. Karte von Sachsen. 4. Heft, S. 106 ff.

seite wird der gleichmässig geneigte basaltische Abhang durch strebepfeilerartige, deutlich horizontal geschichtete Quadersandsteinfelsen unterbrochen, welche teils bis zum Fusse hinabreichen, teils aber nach unten den Basalt wieder hervortreten lassen. Es unterliegt kaum einem Zweifel, dass dieser Sandstein dem Basalt aufgelagert und der Rest einer ursprünglich zusammenhängenden Sandsteindecke ist. Die von einem engen Thale durchschnittene Phonolithmasse des Wüsten Schlosses bei Böhmisch-Kamnitz ist zwischen horizontal geschichtetem Sandsteine eingeschlossen, welcher den Phonolith beträchtlich überragt[1]. „An einigen Punkten treten Basalt und Phonolith mitten im Gebiete anderer Gesteine auf, ohne dass dadurch eine merkbare Erhöhung hervorgebracht wird" (Cotta S. 107). Der säulenförmige Basalt des Sattelberges bei Schönwalde tritt an zwei getrennten Stellen von verschiedener Höhe aus dem Quadersandstein hervor. Das Gleiche ist am Grossen Zschirnstein der Fall, wo das eine Vorkommen am südwestlichen Fusse, das andere auf der Oberfläche der Tafel liegt, die Horizontalität derselben aber in keiner Weise stört. Als man bei dem im tiefen Thalgrunde des Grossen Zschand gelegenen Zeughause einen Brunnen grub, stiess man, wie Stelzner mitteilt, in der Tiefe auf Basalt[2]. Am Westabhange des Grossen Winterbergs reicht der Basalt zwischen dem horizontal gelagerten Sandstein bis zu beträchtlicher Tiefe hinab. Der schmale Basaltrücken des Kleinen Winterbergs erscheint zwischen zwei parallel verlaufenden und nur wenig niedrigeren Sandsteinrücken eingeschlossen und wird etwas tiefer auch auf den Schmalseiten von Sandstein begrenzt. Die Nordseite des Hausberges wird durch Basalt gebildet, während die höhere Südseite aus ungestörtem Quadersandstein besteht; ein Bruch und zahlreiche Schurfe lassen hier erkennen, dass die Grenze der beiden Gesteine teils unter einem Winkel von ungefähr 80° vom Basalte ab-, teils unter gleichem Winkel dem Basalte zufällt[3].

Alle diese Thatsachen führen uns zu der Ueberzeugung, dass der Basalt und Phonolith an sehr vielen Stellen ursprünglich nicht zu Tage standen, sondern erst durch die Denudation des weicheren Sandsteins zu Tage gebracht worden sind. Man kann auf den Gedanken kommen, dass diese Basalte und Phonolithe auch schon vor dem Sandstein gebildet und von dem Kreidemeere überflutet worden wären, dass ihre Bildung also in die Kreidezeit oder noch ältere Zeit fiele. Aber da solche nicht über die Oberfläche hervorragende Basaltstöcke sich, z. B. am Pinzenberg bei Schandau, auch im Granit und Gneiss finden[4], würde diese Annahme wohl zu der Konsequenz führen, dass ein Teil der Basalte sogar älter als Granit und Gneiss sei, eine Konsequenz, deren Unwahrscheinlichkeit uns auch der Prämisse gegenüber stutzig macht. Es ist auch nicht wahrscheinlich, dass die Basalte in so naher Nachbarschaft teils präcretaceischen, teils tertiären Ursprunges sein soll-

---

[1] Vgl. Cotta a. a. O. S. 93 u. Fig. 7.
[2] N. Jahrb. f. Min., 2. Beilageband S. 409.
[3] Die meisten dieser Punkte wurden in Gemeinschaft mit Herrn Dr. Alphons Stübel besucht, dem ich vielfache Anregung schulde.
[4] Cotta, Erläuterungen 3. Heft, S. 77.

ten; für einen grossen Teil der böhmischen und süchsischen Basalte ist aber der tertiäre Ursprung sichergestellt, denn die Basalttuffe wechseln mit Braunkohlenflözen, und Basaltgänge setzen durch die tertiären Ablagerungen hindurch. Wo die Grenze des Basaltes aufgeschlossen ist, ist sie meistens steil gegen denselben geneigt (Cotta, 4. Heft S. 65 u. s. w.), in vielen Basalten finden sich gefrittete, angeschmolzene oder säulenförmig gestaltete Bruchstücke des Quadersandsteins (Cotta S. 107 f.). Solche vier- und fünfkantige Sandsteinsäulchen fand ich am Hausberge, ohne dass ich jedoch ihre ursprüngliche Lage genau feststellen konnte, besonders bekannt aber ist ihr Vorkommen am Basalte des Gorisch [1]. Diese Basaltvorkommnisse sind danach postcretaceischer Entstehung, und doch müssen noch in ganz junger Zeit die Sandsteinmassen der Gipfel die Stellen ihres heutigen Auftretens bedeckt haben, so dass man ihnen entweder ganz jungen Ursprung zuschreiben oder sie unter der Sandsteindecke entstanden lassen sein muss. An einzelnen Punkten will Cotta (S. 89) auch Aufrichtungen des Quadersandsteins durch Basalt bemerkt haben, aber es bedarf wohl noch der näheren Untersuchung, ob dieselben nicht allgemeineren Ursachen zuzuschreiben sind.

Eine genauere Untersuchung, welche nicht in unserem Plane liegt, wird wahrscheinlich Apophysen des Basaltes im Sandstein und andere Zeichen seines jüngeren Ursprunges noch in grösserer Zahl nachweisen; aber auch heute schon dürfen wir als wahrscheinliches Resultat aussprechen, dass die Basalte dieser Gegend tertiären, grossenteils oligocänen Alters sind, dass aber ein Teil von ihnen nicht oberirdisch aufgeschüttet, sondern unterirdisch in die älteren Gesteine eingedrängt wurde. Auch die Basalt- und Trachytkegel des Siebengebirges und seiner Nachbarschaft waren, wie Dechen und Lasaulx [2] gezeigt haben, ursprünglich im Thonschiefer und Tertiär verhüllt, und eine derartige unterirdische Entstehung ist auch für die Berge von Urach in Schwaben [3] und andere wahrscheinlich gemacht worden. Noch grossartigere Laveneindringlinge hat Gilbert in den Trachytdomen der Henry Mountains unter dem Namen Lakkolithen beschrieben, welche aber abweichend von jenen einfachen Intrusivstöcken die überliegenden Schichten aufgetrieben haben [4].

Für unsere weiteren Untersuchungen genügt es uns übrigens zu wissen, dass der Basalt ursprünglich unter der Sandsteindecke verborgen war und an vielen Stellen sicher noch heute verborgen ist, dass also der heutige Sandsteinfuss der Basaltkegel keineswegs zur Oligocänzeit oder während der Tertiärzeit überhaupt schon entblösst gewesen sein muss. Das Auftreten der Basalte bietet uns also keinen Massstab für die Denudation, im Gegenteil wird uns die aus anderen Betrachtungen abgeleitete Geschichte der Denudation noch weitere Belege für die einstige Umhüllung der Basaltkegel bieten.

---

[1] Eine Abbildung bei Gutbier, Geogn. Skizzen S. 39.
[2] v. Lasaulx, Wie das Siebengebirge entstand? Pfaff-Frommelsche Sammlung von Vorträgen. Heidelberg 1884, S. 36 ff.
[3] Vgl. Länderkunde von Europa I. Bd., S. 237.
[4] Gilbert, Report on the Geology of the Henry Mountains. Washington 1880.

V. Der Bau der sächsischen Schweiz.

Die vorhergehenden Kapitel haben uns die Massen kennen gelehrt, aus welchen die sächsische Schweiz aufgebaut ist, sowie die Kräfte, welche die Lagerung dieser Massen bestimmten; dieses Kapitel soll das Bauwerk beschreiben, welches aus diesen Massen, durch diese Kräfte gefügt ist.

Der Bau der sächsischen Schweiz wird von zwei Dislokationsrichtungen beherrscht, welche sowohl bei den Faltungen der paläozoischen wie bei den Verwerfungen der tertiären Zeit zur Geltung kamen. Bis zur Mitte der Carbonzeit war ein den Alpen zu vergleichendes Faltengebirge gebildet worden, welches mit denselben auch in der Richtung eine auffallende Uebereinstimmung zeigt, denn dieselbe Umbiegung aus einer ostnordöstlichen in eine südöstliche Richtung, welche die Alpen nördlich vom Adriatischen Meere erfahren, vollzog jenes paläozoische Gebirge in der Gegend von Nossen und Meissen, so dass damals schon der westliche Flügel des Gebirges eine niederländisch-erzgebirgische, der östliche eine hercynisch-sudetische Streichrichtung besass. Während der folgenden Erdperioden scheinen die Bodenbewegungen gering gewesen zu sein; die zerstörenden Kräfte des Festlandes und des Meeres arbeiteten auf die Abtragung des Gebirges und die Ausgleichung der Höhenunterschiede hin. Erst in der Tertiärzeit, wahrscheinlich namentlich in der Oligocänzeit, wurden die Störungen wieder energischer. Dieselben beiden Richtungen, welchen die paläozoische Faltung folgte, waren auch für diese jüngeren Störungen massgebend.

Eine grosse Verwerfung, welche in einem Absinken des südwestlichen oder einer Hebung des nordöstlichen Flügels bestand und mit einer Ueberschiebung des ersteren durch den letzteren verbunden war, lässt sich von Oberau über Hohnstein und Zittau bis Liebenau in Böhmen und vielleicht noch weiter verfolgen. Eine gleichgerichtete Verwerfungslinie, aber von umgekehrtem Sinne, scheint am Nordostrand der Lausitzer Platte und ihrer südöstlichen Fortsetzung zu verlaufen. Bei Nieder-Biehla und Wehrau nördlich von Görlitz finden wir steil nach Nordost einfallende Quadersandsteinschichten [1]; diese isolierten Sandsteinflecke scheinen eine Fortsetzung der Sandsteinpartien von Lähn und Löwenberg zu sein, welche ja gleichfalls im Verhältnis zum südlich vorgelagerten Riesengebirge abgesunken sind [2], so dass die Lausitzer Platte sowohl wie das Jeschken-, Iser- und Riesengebirge und wohl auch die Glatzer Gebirge Horste sind, welche zwischen dem schlesischen Hügellande und dem böhmischen Sandsteingebiet stehen geblieben bezw. gehoben sind.

Nur im ganzen kommt der Oberau-Zittauer Dislokation eine ost-

---

[1] Cotta, Erläuterungen 3. Heft, S. 54.
[2] Beyrich, Ueber die Lagerung der Kreideformation im schles. Gebirge. Abhandlungen d. Berl. Akad. 1854, S. 57 ff.
Kunth, Die Kreidemulde bei Lähn in Niederschlesien. Zeitschr. der deutsch. geol. Gesellsch. 1863, S. 743.

südöstliche Richtung zu; im einzelnen finden wir vielmehr einen regelmässigen Wechsel östlich und südöstlich bis südsüdöstlich verlaufender Strecken. Dieser Wechsel ist in hohem Grade der Beachtung wert; wir erkennen darin eine merkwürdige Analogie zu der Anordnung der sudetisch-hercynischen Bergketten überhaupt, von denen jede einzelne von SE nach NW streicht, jede nördlich folgende aber etwas nach W verschoben ist, so dass eine westnordwestliche Gesamtrichtung und eine allmähliche Annäherung an die gleicherweise staffelförmig angeordneten Ketten des Böhmer- und Thüringerwaldes die Folge ist. In der sächsischen Schweiz bedeutet jede von E nach W gerichtete Strecke eine Einengung des Quadersandsteingebietes, da die allgemeine Streichrichtung der Quadersandsteinschichten der Streichrichtung der älteren Gesteine und der Formationsgrenzen entsprechend ungefähr nordwestlich ist. Von Cossebaude an wird diese Einengung beschleunigt, weil auf der Nordostseite einer, gleichfalls in nordwestlicher Richtung, nach Zscheila bei Meissen verlaufenden Linie Sandstein und Pläner abgesunken bezw. nicht mit gehoben worden sind. Beide Verwerfungslinien scheinen in der Gegend von Oberau und Meissen auszukeilen, da nördlich davon ein zusammenhängender Gürtel krystallinischer Gesteine vorhanden ist.

Zwischen Meissen und Cossebaude bildet das Elbthal also tektonisch einen Graben, d. h. eine Versenkung zwischen zwei stehengebliebenen oder gehobenen Schollen. Die tektonische Bedeutung der Gegend südöstlich von Cossebaude ist noch nicht ganz klar; bis etwas oberhalb Dresden scheint sich die von Meissen herkommende Verwerfung noch geltend zu machen, aber schon von Cossebaude an tritt eine sanfte nordöstliche Schichtenneigung des Quadersandsteins und Pläners hinzu, welche südöstlich von Dresden fast allein massgebend ist und nur durch die Dippoldiswaldaer Verwerfung (vgl. S. 260 [16]) eine Unterbrechung erleidet. Wenn wir auf grössere Erstreckung steil geneigte oder gar überkippte Schichten antreffen, so können wir mit voller Bestimmtheit sagen, dass dieselben durch irgend eine Bewegung nach ihrer Ablagerung in diese Lage gekommen sind; eine so schwache Schichtenneigung dagegen wie die des sächsischen Quadersandsteins kann an sich ebenso gut eine unmittelbare Folge der Ablagerung am Meeresgrunde wie eine Folge späterer Störungen sein. Und doch wäre es für die Auffassung des Gebirgsbaues von der grössten Bedeutung, die Ursache der Schichtenneigung zu kennen. Hat doch eine Neigung von 1° 45', wie sie der Plänerschicht im Mittel zukommt, in der Entfernung von 1 km denselben Effekt wie eine Verwerfung von 30 m! Der Quadersandstein des Sattelberges, der 20 km von der Elbe entfernt ist, würde, im Falle die Schichtenneigung auf einer Bodenbewegung beruht, durch dieselbe um 600 m gegenüber der Elblinie gehoben worden sein, während er im andern Falle seine Lage bewahrt hätte. In diesem Falle wäre die Lausitzer Platte im Verhältnis zur sächsischen Schweiz und zum Erzgebirge gehoben worden, in jenem hätten Lausitz und Erzgebirge ihr Höhenverhältnis mehr oder weniger bewahrt, während die sächsische Schweiz im Verhältnis zu ihnen eingesunken wäre. Man könnte sie dann als eine einseitige Mulde bezeichnen, deren nordöstlicher Flügel durch eine Verwerfung ersetzt wird, oder als einen Graben mit allmählich ansteigendem Südwestrande. Gerade die Beziehungen der Schichtenneigung zu den Verwerfungen und der ganze Zusammenhang der Erscheinungen machen es wahrscheinlicher, dass die Schichtenaufrichtung in der sächsischen Schweiz wenigstens teilweise, soweit die Schichtenneigung die Verwerfung kompensiert, die Folge einer Bodenbewegung ist; auf ein bestimmtes Urteil müssen wir indessen gegenwärtig noch verzichten.

Längs einer von Tyssa-Königswald über Tetschen etwa nach Kreibitz verlaufenden Linie beugen sich die horizontalen oder sanft nach Nordost geneigten Sandsteinschichten plötzlich nach Süden um und tauchen unter das vulkanische Mittelgebirge hinab, in welchem die Kreideformation nur in einzelnen Lappen auftritt. Erst jenseits der Egerlinie und einer als Fortsetzung derselben von Leitmeritz nach Hayda und Zwickau i. B. verlaufenden Linie bildet sie wieder eine zusammenhängende Masse, die sich allmählich von 250 m bis über 500 m erhebt. Die Ursache dieses neuen Auftretens ist eine mit der erzgebirgischen Flexur parallele Dislokation von entgegengesetztem Sinne, d. h. mit gehobenem Südflügel. Die Dislokation fällt westlich der Elbe ungefähr mit dem Egerthale zusammen und ist östlich der Elbe bis Auscha verfolgt worden [1]), wo sie auf eine von NW nach SE streichende, durch die Drum-Habsteiner Senke auch topographisch gekennzeichnete, Dislokation stossen soll, bei welcher der nordöstliche Flügel abgesunken ist [2]). Die Grösse des Egerbruches scheint noch nicht untersucht worden zu sein, so dass wir nicht wissen, ob er den erzgebirgischen Bruch vollständig kompensiert, oder ob das Kreideterrain südlich der Eger im Verhältnis zum Erzgebirge und zur sächsischen Schweiz in ein tieferes Niveau gekommen ist. Jedenfalls spielt das Land zwischen Erzgebirge und Eger geotektonisch die Rolle eines Grabens, welcher durch vulkanische Massen und durch Süsswasserbildungen der Tertiärzeit grossenteils ausgefüllt worden ist.

Nördlich von der erzgebirgischen Bruchlinie sind wir in unserem Gebiete auf keine in gleicher Richtung verlaufende Verwerfungen gestossen, und ebensowenig sind im Erzgebirge selbst derartige Verwerfungen aufgefunden worden; erst am Südrande des Granulitgebirges tritt eine Verwerfung auf, welche der erzgebirgischen Bruchlinie parallel, aber mit ihr gleichsinnig, wenn auch von geringerer Grösse ist [3]), welche also kein Absinken, sondern ein neues Aufsteigen bedeutet. Das Erzgebirge unterscheidet sich darin von dem Horste der Lausitzer Platte oder auch von den Vogesen und dem Schwarzwalde, bei welchen auch der äussere, nach Lothringen und Schwaben gerichtete, Abfall durch eine Reihe kleiner Brüche bedingt ist. Die sanfte nördliche Abdachung des Erzgebirges könnte eine Folge kontinentaler oder mariner Erosion sein, wahrscheinlich aber beruht sie, ebenso wie die schwache, nord-

---

[1]) Krejči, Archiv f. böhmische Landesdurchforschung I. Bd., 2. Abtlg., S. 51, 53 ff., 63, 68, 80, 82, 107, 118 u. 130.
[2]) Ibid. S. 121.
[3]) H. Credner, Das sächsische Granulitgebirge. Leipzig 1884.

östliche Schichtenneigung der sächsischen Schweiz, auf einer Bodenbewegung, indem derselbe Vorgang, welcher im Süden einen steilen Abbruch erzeugte, im Norden eine sanfte Abdachung hervorrief. Das Erzgebirge wäre danach als eine Keilscholle (Richthofen, Führer S. 655) zu bezeichnen, deren Rand etwas stärker aufgewölbt ist.

Auch im Gebiete der sächsischen Schweiz ist diese Aufwölbung noch zu erkennen. Die Streichrichtung der Schichten, die bei Dresden eine südöstliche ist, biegt weiter südlich erst nach Ostsüdost und dann, zwischen Tetschen und Herrnskretschen, nach Ost um (vgl. S. 262 [18]), bewirkt also eine mehr nördliche Neigung des Bodens; in der Gegend von Dresden kommen Verwerfungen dem zu Hilfe (vgl. S. 260 [16]).

Noch stärker als im Quadersandstein, der doch im Verhältnis zum Erzgebirge wahrscheinlich abgesunken ist, macht sich diese nördliche Neigung in der Lausitz geltend, und zwar nicht bloss in der Oberfläche, sondern auch im inneren Bau, denn die Sprunghöhe der südlichen Lausitzer Bruchlinie scheint nach NW immer geringer zu werden (vgl. S. 272 [28]).

Damit enthüllen sich sehr enge Beziehungen zwischen der erzgebirgischen Bruchlinie, der Granitüberschiebung und der Schichtenneigung des Quadersandsteins, die wir uns am besten versinnlichen, wenn wir den Kamm des Erzgebirges und die in seiner Fortsetzung liegende Partie der Lausitz als ruhend betrachten. Das ganze Gebiet nördlich dieser Linie hat sich nach Norden geneigt, das Gebiet südlich davon ist steil nach Süden abgebrochen. Zugleich hat sich an der Linie Oberau-Zittau eine Verwerfung gebildet, längs deren der südwestliche Flügel in die Tiefe gesunken ist; am Erzgebirge ist dieser Flügel geschleppt, d. h. statt einer Verwerfung finden wir eine sanfte Schichtenneigung. Der Bau der sächsischen Schweiz ist also das Resultat einer doppelten Bewegung, erstens einer nordnordwestlichen Schichtenneigung, die nahe am erzgebirgischen Kamm am stärksten ist, zweitens einer nordöstlichen Schichtenneigung, die nach dem Granitrande hin immer schwächer wird und stellenweise sogar in die entgegengesetzte Neigung umschlägt. Mit anderen Worten: die Sandsteinbänke der sächsischen Schweiz haben eine Torsion erfahren, bei welcher an einigen Stellen, nämlich bei Dippoldiswalda und Cossebaude, der Zusammenhang riss, so dass sekundäre Verwerfungen eintraten. Wir können uns den Fall vorstellen, dass die nordöstliche, also zur sudetischen Dislokation hin gerichtete, Schichtenneigung und die Flexur am Südrande des Erzgebirges denselben Betrag der Absenkung repräsentieren; die erzgebirgische Flexur müsste dann nach ENE immer schwächer werden und an der sudetischen Dislokation sich ganz verflachen. Thatsächlich scheint das aber nicht der Fall zu sein, denn wenn auch die Stelle der wirklichen Berührung noch nicht untersucht ist, so ist doch die Flexur im Kamnitzthale noch so bedeutend, dass sie zwischen Kreibitz und der Lausche zwar abbrechen, aber sich bis dahin nicht verflachen kann. Die erzgebirgische Flexur ist also mit einer stärkeren Absenkung als die Lausitzer Dislokation verbunden, ein Resultat, das mit unseren direkten Schätzungen (vgl. S. 271 [27] und 273 [29]) vollkommen übereinstimmt.

Wenn bei diesen letzten Betrachtungen alle Dislokationen als Einbrüche oder Absenkungen aufgefasst wurden, so geschah das nur der Bequemlichkeit halber, weil es leider keine Ausdrucksweise gibt, die ohne allzugrosse Weitläufigkeit nur die relative und nicht auch die absolute Bewegung der Schollen, d. h. nur die Veränderung des gegenseitigen Höhenabstandes und nicht auch die Entfernung vom oder die Annäherung an den Erdmittelpunkt bezeichnete. Aber es ist fraglich, ob die Dislokationen der Oligocänzeit in unserem Gebiete thatsächlich Einbrüche oder nicht vielmehr Hebungen waren, welche allerdings, wie Penck andeutet, nur lokale Aufreibungen am Rande des im ganzen eingesunkenen böhmischen Kessels gewesen sein mögen. Wenn die Kämme stehen geblieben, die Mulden und Gräben abgesunken wären, so müsste der Spiegel des Kreidemeeres mindestens 750 m über dem heutigen Meeresspiegel gelegen haben. In der Eocänzeit sind keine grösseren Bodenbewegungen erfolgt, und doch hat sich der Meeresspiegel weit zurückgezogen; während der älteren Oligocänzeit, also noch vor dem Eintritt der Dislokationen, dringt das Meer wieder vor und erhebt sich etwas, aber nicht viel über seine heutige Höhe [1]). Diese Schwankungen des Meeresspiegels sind, wie Suess aus ihrer Verbreitung gefolgert hat, nicht durch Dislokationen, d. h. Bewegungen der festen Erdrinde bedingt, sondern selbständige Bewegungen, Transgressionen, des Meeres. Ungefähr gleichzeitig mit dem höchsten Stande des Meeres erfolgen die Dislokationen unseres Gebietes, aber statt dass das Meer die der Annahme nach eingebrochenen Gebiete überflutete, zieht es sich langsam wieder zurück. Ist es wahrscheinlich, dass irgend eine kosmische oder terrestrische Ursache den Meeresspiegel rechtzeitig um mindestens 750 m erniedrigt und dadurch das eingebrochene Land trocken erhalten habe? Ist es nicht einfacher und natürlicher, jene Dislokationen als Hebungen aufzufassen, in dem Erzgebirge eine gehobene Keilscholle, in den Sudeten gehobene Horste zu sehen, während der nordböhmische Graben seine alte Lage bewahrte oder etwas einsank und die sächsische Schweiz nur in mässigem Umfange an der Hebung teilnahm? Wir erinnern uns jetzt, dass sich auch die Granitüberschiebung einfacher als Hebung deuten liess (vgl. S. 26 f.) und dass die Flexuren einen Uebergang der Brüche zu den Falten vermitteln; man hat zwar gesagt (v. Richthofen, Führer S. 602), dass bei diesen Zusammenschub, bei jenen Ausdehnung das leitende Prinzip sei, aber dieser Satz bedarf doch auch noch des Beweises und ist bei einer Verbindung von Flexuren mit Keilschollen nicht recht einleuchtend. Es soll gern zugestanden werden, dass die angeführten Thatsachen noch nicht beweisend sind, aber wir werden doch zur Vorsicht bei der Beurteilung der Bewegungen gemahnt, welche für die Bodengestaltung Sachsens und des mittleren und nördlichen Deutschlands überhaupt massgebend waren.

Die Wirkungen dieser Bewegungen muss man sich entfernt denken, wenn man die ursprüngliche Verbreitung der Schichten kennen lernen

---

[1]) H. Credner, Das Oligocän des Leipziger Kreises. Zeitschr. d. deutsch. geol. Gesellsch. XXX, 1878, S. 615 ff.

und danach das Mass der Zerstörung beurteilen will, welche dieselben im Laufe der Zeit erlitten haben. Aber man muss dabei auch auf die Bedingungen Rücksicht nehmen, unter welchen die ursprüngliche Ablagerung der Schichten erfolgte. Die sächsischen Kreidebildungen sind fast ausschliesslich marinen Ursprunges. Der Quadersandstein muss in der Nähe der Küste gebildet worden sein, da der grobe Quarzsand, welcher von den Flüssen oder auch direkt von der Brandungswelle geliefert wird, nicht weit ins Meer hinaus verschleppt werden kann; die weite und gleichmässige Ausbreitung des Sandsteins macht es wahrscheinlich, dass eine Meeresströmung bei seiner Ablagerung beteiligt war. Die Bildung des Pläners muss in etwas grösserer Entfernung von der Küste oder wenigstens von den Einflüssen der Küste erfolgt sein; ein feiner Sand, Schlamm und die Ausscheidungen der Organismen lieferten das Material zu seiner Bildung; im Plänerkalk schliesslich treten die mechanischen Gemengteile ganz zurück. Die Gegend von Dresden und Meissen scheint danach weiter von der Küste entfernt gewesen zu sein als die sächsische Schweiz und die Gegend von Dippoldiswalda und Tharandt-Freiberg, da dort die Pläner-, hier die Sandsteinfacies vorherrscht. Während der Turonzeit scheint die ganze Gegend von der Küste am weitesten entfernt gewesen zu sein, d. h. der Meeresspiegel am höchsten gelegen zu haben, denn der Quadersandstein wird in dieser Zeit durch die Plänereinlagerung, der unreine untere und mittlere Pläner von Dresden durch den Plänerkalk verdrängt.

Nun liegt es in der Natur der Sache, dass verschiedenartige Ablagerungen eines Zeitraums von verschiedener Mächtigkeit sind, aber die Abnahme der Mächtigkeit kann immer nur derart erfolgen, dass die Bänke dünner und dünner werden, oder dass einzelne Bänke auskeilen; steile Stufen dagegen, an welchen eine ganze Reihe von Bänken auf einmal abbricht, können, ausser bei Korallenbänken u. dgl., nur auf Verwerfung oder auf späterer Zerstörung beruhen. In der sächsischen Schweiz sind auch Verwerfungen in den meisten Fällen ausgeschlossen (vgl. S. 263 [19] f.), so dass sich die Schichten einst über die Stufen hinaus fortgesetzt haben müssen.

Es scheint mir nicht möglich, die ursprüngliche Höhe des Quadersteins auch nur an einzelnen Punkten mit voller Sicherheit festzustellen. In der Gegend der Winterberge bildet eine 450—460 m hohe Platte auf ziemliche Erstreckung die Oberfläche. Die Platten von Hinter-Hermsdorf (400—420 m), von Sternberg (desgl.) und westlich von Khaa (420—440 m) scheinen ursprünglich mit ihr eine zusammenhängende Ebene gebildet zu haben. Nach W scheint sich diese Ebene der Schichtenneigung entsprechend ähnlich wie die Lausitzer Granitplatte zu senken, da wir ihr die Platte östlich des Polenzthales (320—340 m) wohl zurechnen dürfen. Eine Platte von dieser Höhe zieht sich westlich des Polenzthales bis zu den Bärensteinen hin. An der Granitgrenze entlang erheben sich noch mehrere einzelne Höhen, zuletzt die Schöne Höhe und der Kohlberg zwischen Dittersbach i. S. und Wünschendorf, bis zu ihrem Niveau, aber der grössere Teil der Oberfläche bleibt trotz seiner plattenförmigen Gestalt im Mittel etwa um 150 m hinter ihr zurück, so dass hier eine weitgehende Abtragung stattgefunden haben muss. Aber auch über jener Platte tritt an mehreren Punkten Quadersandstein auf, so dass es sehr fraglich ist, ob sie die ursprüngliche Oberfläche bezeichnet oder nicht selber erst durch Denudation gebildet worden ist. Der Sandstein am Hutberg bei Rathewalde (vgl. S. 266 [22]) könnte allerdings dem gehobenen Lausitzer Flügel angehören, die höher gelegenen Sandsteinflecken des Gr. und Kl. Winterberges (bis 500 m) sind mit Basaltvorkommen verknüpft, so dass die Möglichkeit einer lokalen Hebung nicht völlig ausgeschlossen ist, aber auch abseits vom Granit und Basalt scheinen sich in der Gegend von Dittersbach i. B. und Neu-Daubitz mehrere Gipfel, die bis 490 m aufsteigen, über jene Platte zu erheben.

Sehen wir von diesen höheren Vorkommnissen gänzlich ab, so müssen doch jedenfalls alle leeren Räume bis zum Niveau jener Platte von Sandstein oder Pläner eingenommen gewesen sein. Ueber die Lage derselben nordwestlich von Wünschendorf fehlt uns leider fast jeder Anhalt, weil die Denudation bereits zu grosse Fortschritte gemacht hat. Am rechten Elbufer lässt sich eine Terrasse verfolgen, die sich von Pillnitz nach Dresden von 230 auf 200 m senkt; aber da der Sandstein bei Dittersbach i. S. noch 330 m erreicht, und kein Anzeichen einer Verwerfung an dieser Stelle vorhanden ist, ist es unwahrscheinlich, dass diese Terrasse mit jener Platte identisch ist. Bei Weinböhla finden wir den Plänerkalk noch in 160 m; darüber muss noch der ganze obere Quader bezw. ein kalkiges und dabei weniger mächtiges Aequivalent desselben aufgetürmt gewesen sein.

Auch im Gebiete der geneigten Schichten finden wir westlich von Pirna den oberen Quader nirgends mehr vertreten. Auch östlich von Pirna besitzt er nur an einigen der in der Nähe der Elbe gelegenen Tafelberge, am Lilienstein, Pfaffenstein, Gorisch, Papststein und Zschirnstein, dieselbe Mächtigkeit wie am rechten Elbufer unter der erwähnten Platte. Am hohen Schneeberg ist die Mächtigkeit schon um 100 m geringer (vgl. S. 263 [19]), und in der Umgebung desselben fehlt der obere Quader ganz. Es ist möglich, dass die geringere Mächtigkeit am Schneeberg auf einer Auskeilung nach der Küste hin beruht, aber rings herum hat, wie der schroffe Absturz des Schneeberges zeigt, eine grossartige Abtragung stattgefunden. Jenseits der Linie Tyssa-Berggiesshübel tritt auch der untere Quader nur noch in einzelnen Inseln auf, welche ehemals mit der Hauptmasse des Sandsteins zusammengehangen haben müssen. Je weiter wir in westlicher Richtung am Erzgebirge hinansteigen, um so grösser wird die Denudation des Sandsteins. Das westlichste Vorkommen auf dem Kamme ist unter dem Basalte des Sattelberges, am südlichen Fusse des Gebirges tritt die Kreideformation bis Ossegg auf. Es ist noch fraglich, ob sie weiter westlich gänzlich zerstört oder überhaupt nicht abgelagert worden ist.

Von der Lausitzer Platte dürfen wir dagegen annehmen, dass sie zum grössten Teile von Quader und Pläner bedeckt war. Als Cotta die Grenze der archäischen Gesteine der Lausitz gegen den Quadersandstein beschrieb und von neuem zeigte, dass diese Grenze keine Bildungs-, sondern eine Dislokationsgrenze sei, und als er die gestörten

Sandsteine nördlich von Görlitz damit in Verbindung brachte, konnte er sich der Folgerung nicht entziehen, dass der Sandstein einst die ganze Lausitzer Platte bedeckt haben müsse, wie er bei Weissig und am Benediktstein noch heute auf derselben erhalten ist [1]). Aber später hat man diese Thatsachen ganz vergessen und immer von einem länglichen Busen des Kreidemeeres gesprochen, den man sich bald im NW, bald im SE mit dem offenen Meere in Verbindung stehend dachte. Diese Auffassung muss über Bord geworfen werden. Es ist an sich durchaus unwahrscheinlich, dass eine Verwerfung gerade mit einer vorhandenen Bildungsgrenze zusammenfällt, und der Sandstein ist an dieser Verwerfung so mächtig, von Küstenbildungen findet sich so gar keine Spur, dass er sich weit über dieselbe hinaus erstreckt haben muss. Einzelne Berge und Rücken mögen, ähnlich wie das Grosse Horn bei Berggiesshübel, inselartig über den unteren oder auch den oberen Quader hervorgeragt haben, aber im ganzen bildeten diese eine zusammenhängende Decke, die im Laufe der Tertiär- und Quartärzeit wieder beseitigt worden ist.

Von der Lausitz aus erstreckte sich das Kreidemeer ohne wesentliche Unterbrechung bis Löwenberg und Lähn. Auch die Sandsteinpartien von Adersbach-Weckelsdorf, der Heuscheuer und von Habelschwerdt sind erst durch Dislokationen und Denudation isoliert worden; ehemals hingen sie mit der böhmischen und wohl auch mit der niederschlesischen Kreide, und zwar nicht durch enge Kanäle, sondern in breiter Masse zusammen. Ob Kreideablagerungen einst auch das Riesengebirge bedeckten, oder ob dasselbe schon als Insel aus dem Kreidemeere hervorragte, muss noch dahingestellt bleiben. Dagegen ist es zweifellos, dass die Unterbrechung der sächsisch-böhmischen Quadersandsteinmasse durch das vulkanische Mittelgebirge keine ursprüngliche ist. Auch die isolierte Quadersandstein-Plänerpartie von Regensburg muss mit dem sächsisch-böhmischen Quader in Verbindung gestanden haben, da sie mit demselben völlig übereinstimmt [2]); wahrscheinlich bestand dieser Zusammenhang nicht am Südrande des böhmischen Massivs, sondern über den Böhmerwald hinweg, welcher ähnlich wie das Riesengebirge ein Horst jüngerer Entstehung ist. Es ist nicht unmöglich, dass diese Kreideschichten, welche konkordant auf der Juraformation auflagern, einst von Regensburg aus über Schwarzwald und Vogesen bis zum Pariser Becken hinüberreichten. Andrerseits scheinen einzelne Kreidevorkommnisse in Thüringen, Hessen und auf dem rheinischen Schiefergebirge [3]) eine Brücke zu den Kreidebildungen des nordwestlichen Deutschlands zu schlagen. An mehreren Stellen tauchen Kreideschichten aus den norddeutschen Quartärbildungen auf oder sind unter denselben erbohrt worden. Kurz es scheint, als ob in der zweiten Hälfte der Kreidezeit ein ziemlich offenes Meer einen grossen Teil von Deutschland bedeckt habe. Das Festland scheint südlich von der heutigen Donau den Raum eingenommen zu haben,

---

[1]) Cotta. Geognostische Wanderungen 2. Heft, S. 51 f.
[2]) Vgl. über dieselbe Gümbel, Geogn. Beschreibung des Königreichs Bayern II. Bd., S. 697 ff.
[3]) Penck. Länderkunde von Europa I, S. 313.

der später teilweise von den Alpen überschoben worden ist, das Meer scheint von Norden her vorgedrungen zu sein und sich nach Norden zurückgezogen zu haben. Noch vor kurzem erschien den Geologen die Annahme einer derartigen Zerstörung als eine Ungeheuerlichkeit; darin liegt auch der Grund, warum jene Aeusserung Cottas so wenig beachtet worden ist. Heute haben die Beobachter in den verschiedensten Weltgegenden und in den verschiedenst gebauten Gebirgen, in den Alpen ebensowohl wie in den Tafelländern des Colorado, den ausserordentlichen Betrag der Denudation kennen gelehrt, so dass wir darum nicht mehr vor wohlbegründeten Schlussfolgerungen zurückschrecken. Haben wir doch auch in den wenigen an der Granit-Sandsteingrenze erhaltenen Lappen der Juraformation ein vortreffliches Beispiel der tief eingreifenden Wirksamkeit der Denudation unmittelbar vor Augen. Diese Vorkommnisse, welche grossenteils dem Weissen Jura, also der obersten Abteilung des Jurasystems, angehören und sämtlich Tiefseebildungen sind, müssen Teile einer ausgedehnten Ablagerung gewesen sein, und doch waren bereits zur Cenomanzeit nur noch unbedeutende Lappen vorhanden, denn die Juraformation ist bisher nirgends unter dem normal gelagerten Quadersandstein gefunden worden [1]). Dieser blieb in der sächsischen Schweiz nur darum erhalten, weil er in der tiefen Einsenkung zwischen Lausitz und Erzgebirge vor der Zerstörung geschützt war, oder wenigstens etwas besser als auf der Höhe geschützt war, denn grosse Massen sind auch hier bereits zerstört worden.

VI. Die quaderförmige Absonderung.

Der Sandstein der sächsischen Schweiz wird von zahlreichen Klüften durchsetzt, durch welche die barocken Felsbildungen derselben in erster Linie bedingt sind. Die heutige Form dieser Klüfte ist ein Resultat der Verwitterung, aber in der Anlage sind sie von vorn herein im Gestein vorhanden, denn auch in Steinbrüchen, in welchen jene ihre Wirksamkeit noch kaum beginnen konnte, treten sie entweder als schmale Risse oder doch wenigstens als Flächen verminderter Kohäsion auf, längs deren sich das Gestein am leichtesten trennt. Da Verwerfungen mit ihnen nicht verbunden sind, gehören sie in die Klasse von Erscheinungen, für welche Daubrée [2]) den Namen Diaklasen vorschlägt. Der sächsische Steinbrecher bezeichnet sie als Lose oder Verlosungen, eine Bezeichnung, die etymologisch wohl mit dem wissenschaftlichen Ausdrucke Ablösung zusammenhängt, und deren

---
[1]) Neumayr, Die geographische Verbreitung der Juraformation. Denkschriften der Wiener Akademie 50. Bd., 1885, S. 63 ff. Vgl. die oben S. 265 [21] angeführten Arbeiten von Bruder.
[2]) Daubrée, Experimentalgeologie, deutsch von Gurlt.

auch wir uns bedienen wollen, wenn es gilt, den Gegensatz zu den Klüften, d. h. den durch Verwitterung erweiterten Losen, hervorzuheben. Diese Lose besitzen eine höchst regelmässige Anordnung. Sie stehen im allgemeinen senkrecht auf den Schichtungsflächen und schneiden einander in ganz oder nahezu rechten Winkeln, so dass die quaderförmige Absonderung entsteht, welche dem Gesteine den Namen gegeben hat. Die Blöcke, welche auf diese Weise gebildet werden, sind jedoch durchaus nicht immer würfelförmig, sondern ebenso oft, je nachdem die Mächtigkeit der Bänke grösser oder geringer ist als der Abstand der Lose, pfeiler- oder plattenförmig. Nicht selten brechen die Lose an den Schichtenfugen ab und finden in geringer Entfernung ihre Fortsetzung, ohne ihre Richtung zu ändern. Mitunter sind sie unter einem schiefen Winkel gegen die Schichtungsebene geneigt; gewöhnlich finden sich dann mehrere schräge Lose neben einander, deren Streichrichtungen unter sich und mit denen der benachbarten Lose parallel sind. Der Grosse Bärenstein bietet ein ausgezeichnetes Beispiel solcher schrägen Zerklüftung. Es kommt sogar vor, dass eine senkrechte Kluft nach oben in einer schrägen Kluft fortsetzt oder sich in zwei schräge Klüfte teilt. Auch im Grundrisse finden sich ähnliche Unregelmässigkeiten; nur im allgemeinen ist die Streichrichtung der Klüfte eine geradlinige; häufig ist sie sanft gekrümmt, so dass dieselbe Kluft in geringer Entfernung Richtungsunterschiede von 30° aufweisen kann; mitunter teilt sich eine Kluft auch in zwei Klüfte, die von der ursprünglichen Streichrichtung aus nach zwei Seiten divergieren.

Auch auf engem Raume finden sich sehr verschiedene Kluftrichtungen neben einander ausgebildet, von denen aber die meisten nur durch kurze und unregelmässige Klüfte vertreten sind, während die grossen, im ganzen geradlinigen Klüfte innerhalb eines kleinen Bezirkes meist auffallend unter einander übereinstimmen und sich in zwei ganz oder nahezu senkrecht auf einander stehende, also gepaarte, Systeme ordnen lassen, wobei die Abweichung von der mittleren Richtung selten mehr als 10—15° nach jeder Seite hin beträgt. Gutbier hat dieses Verhältnis zuerst mittels Messtisch und Kette am Gorischsteine festgestellt, wo er die eine Absonderung aus NW nach SE, die andere aus NE nach SW streichend fand, und spricht die Vermutung aus, dass auch in entfernter von einander gelegenen Gegenden die grösste Differenz 30° nicht übersteigen dürfte [1]). Die zahlreichen Beobachtungen der Kluftrichtungen, welche ich mittels eines guten Kompasses angestellt habe, haben jedoch nicht ganz zu dem gleichen Resultate geführt [2]). Fast jede Kluftrichtung tritt in irgend einem Teile der sächsischen Schweiz in grösserer Anzahl auf, wenn auch in der Anordnung derselben eine gewisse Regelmässigkeit bemerkbar ist. Auf dem rechten Elbufer herrscht zwischen Pirna und Schandau die Richtung WNW-ESE (genauer N 120° E), also die Richtung des Elblaufes, und die darauf senkrechte Richtung NNE-SSW

---

[1]) Geognostische Skizzen S. 31 u. Anm.
[2]) Vgl. die Darstellung der Kluftrichtungen auf der Uebersichtskarte.

vor. Bei Schandau sieht man jedoch die Richtungen W-E und N-S
an deren Stelle treten, und schon bald schwenken dieselben in die
Richtungen WSW-ENE und NNW-SSE um, um jedoch in der
Gegend von Hinterhermsdorf wieder in die reine Ost- und Nordrichtung zurückzukehren. Die Klüfte laufen also der Granitüberschiebung
im ganzen parallel. Die WSW-ENE und die darauf senkrechte
NNW-SSE-Richtung kommen auch in der Gegend von Dittersbach i. B.,
zwischen Kamnitz und Elbe und westlich der Elbe bis zum Schneeberg,
also in einer der gleichlaufenden erzgebirgischen Flexur benachbarten
Zone zur Geltung. Schon in der Gegend von Niedergrund und Eiland
findet jedoch wieder eine Umbiegung in die sudetischen WNW-ESE-
und NNE-SSW-Richtungen statt. Im Gebiete der Flexur stehen die
Klüfte im allgemeinen senkrecht auf den Schichtenfugen, bilden also,
da diese ungefähr unter $20°$ gegen den Horizont geneigt sind, mit
der Senkrechten einen Winkel von dem gleichen Betrage.

Die Versuche, die Klüfte und die quaderförmige Absonderung
aus der Krystallisationskraft oder aus magnetischen und elektrischen
Kräften zu erklären, sind so kühn, entbehren so sehr jedes thatsächlichen Anhaltes, dass man nicht nötig hat, bei ihnen zu verweilen. Die
Mehrzahl der Geologen sieht oder sah wenigstens bis vor kurzem die
Ursache derselben in einer Zusammenziehung des Gesteins infolge der
Austrocknung. Auch Gutbier huldigt dieser Ansicht, er meint, das
ursprüngliche Bestreben, bei der Kontraktion Kugelform anzunehmen,
sei durch das Anhängen an die Schichtungsebenen vereitelt worden,
und so sei der Quader, der geognostische Würfel, das Produkt dieser
nur durch Adhäsion beschränkten Kontraktion gewesen. Als Beleg
dafür führt er einige sphäroidische Absonderungen aus dem Quadersandsteingebiete an (a. a. O. S. 27 ff.). Aber gerade die Seltenheit
solcher kugeliger Formen sollte uns der ganzen Erklärung gegenüber
bedenklich machen. Jedenfalls würde doch das Produkt einer solchen
Zusammenziehung im allgemeinen wirklich würfelförmig sein müssen,
während man in Wahrheit ebenso oft plattenförmigen oder pfeilerförmigen Gebilden begegnet. Endlich müssten die Klüfte ganz unregelmässig angeordnet sein oder, falls die Austrocknung, in einer
schwer vorzustellenden Weise, in der ganzen Quadersandsteinmasse gleichzeitig und zusammenhängend vor sich ging, in konzentrischen Ringen
liegen, während die Anordnung der Klüfte, welche wir thatsächlich
bestehen sahen, mit ihrer Beziehung auf die Dislokationslinien, sich
nicht durch die Austrocknung des Gesteins erklären lässt, sondern auf
die Prozesse der Gebirgsbildung hinweist.

Wir kommen damit also zu demselben Resultate, welches Daubrée
in seinen „Synthetischen Studien zur Experimentalgeologie" durch die
scharfsinnige Zusammenstellung eigener und fremder Beobachtungen
und sinnreicher Experimente gewonnen hat. Die wichtigste Thatsache
auch seiner Beweisführung ist die gleichbleibende Richtung der Klüfte
über grosse Flächen, die Anordnung derselben in zwei aufeinander
rechtwinklige Kluftsysteme, von denen, bei geneigten Schichten, das eine
der Streichungslinie, das andere der Falllinie entspricht. Er hebt hervor,
dass die Klüfte in verschiedenen Gesteinen dieselbe Richtung bewahren,

dass dieselben in Konglomeraten mitunter die Gerölle durchschneiden, dass Versteinerungen in der Nähe der Klüfte verzogen und verkrümmt sind, also lauter Thatsachen, welche gegen die Austrocknungstheorie und für eine Zerreissung sprechen. Auch künstlich konnten derartige regelmässige Klüfte durch Kontraktion nicht nachgeahmt werden, dagegen gelang es, durch Zerreissung einer Glasplatte bei Torsion, durch Pressung eines Prismas aus Formwachs unter einer hydraulischen Presse, sowie endlich durch horizontalen Druck auf ein längliches Prisma Spaltensysteme zu erzeugen, welche den in der Natur vorkommenden nachgebildet erscheinen. In dem dritten Falle trat aber die Spaltenbildung erst nach vorausgegangener Faltung ein, so dass wir davon für die Erklärung der sächsischen Schweiz keinen Gebrauch machen können. Hierfür scheint der erste Fall die meiste Analogie zu bieten, da wir ja in dem Bau der sächsischen Schweiz thatsächlich eine Torsion erkannten (vgl. S. 282 [38]).

Weder die Hebung bezw. Senkung des Quadersandsteins in der sudetischen Richtung, noch die Aufwölbung am Kamme der erzgebirgischen Flexur konnten bei der spröden Natur des Gesteins bruchlos erfolgen; so dass sich hierbei Systeme von Sprüngen gebildet haben mögen, welche den Störungslinien teils parallel gerichtet sind, teils senkrecht auf denselben stehen. Daraus erklärt es sich, dass im nordwestlichen Teile die WNW- und NNE-Richtung, am südöstlichen Rande dagegen die WSW- und NNW-Richtungen vorherrschen. Dagegen ist es schwer, die Beziehungen zu erklären, welche die letzteren Richtungen zugleich zu der betreffenden Strecke des Lausitzer Granitrandes zeigen. Möglicherweise sind die Krümmungen desselben auf eine Einwirkung der erzgebirgischen Richtung zurückzuführen. Eine Lösung aller Schwierigkeiten und eine volle mechanische Erklärung ist erst nach einer ganz genauen Aufnahme zu erwarten, welche am besten im Zusammenhange mit der geologischen Kartenaufnahme vorgenommen würde.

VII. Verwitterung und Abtragung.

Die geognostische Zusammensetzung der sächsischen Schweiz ist, wie wir gesehen haben, eine höchst einförmige. In fast ununterbrochener Folge liegen Sandsteinbänke übereinander, die sich nur durch die verschiedene Mächtigkeit, die verschiedene Grösse der Quarzkörner und den verschiedenen Reichtum an thonigem oder eisenschüssigem, seltener kalkigem Bindemittel unterscheiden. Es ist ein Quarzsandstein, der im Durchschnitt zu 96—98 Proz. aus Quarzsand, zu 2—4 Proz. aus Eisenoxyd oder Thon besteht, so dass die einzelnen Sandkörner fast ohne Bindemittel miteinander verwachsen sind[1]). Auf

---

[1]) Fallou, Grund und Boden des Königreiches Sachsen S. 116 ff.

dem linken Elbufer findet sich eine im Mittel etwa 6 m mächtige Einlagerung von kalkigem oder mergeligem Plänersandstein, welche von der Elbe allmählich bis über 500 m Meereshöhe ansteigt. In einem etwas höheren Niveau wird der Sandstein stark thonig und geht bei Naundorf, Wehlen und Zatzschke in reinen Thon oder Mergel über. Ausserdem helfen nur einige Basaltkuppen, die ursprünglich grossenteils im Quadersandstein eingeschlossen waren, sowie Diluvialkiese und -lehme die Einförmigkeit unterbrechen. Der Sandstein liegt auf dem rechten Elbufer im ganzen ziemlich horizontal, auf dem linken in schwach geneigten Bänken; regelmässig angeordnete, senkrechte Klüfte haben den Zusammenhang der Bänke gelöst.

Das Regenwasser, welches auf diese Sandsteinflächen auftrifft, sickert durch die Klüfte und auch in dem porösen Gestein selbst rasch in den Boden ein. Nur nach starken Regengüssen und zur Zeit der Schneeschmelze rinnt ein grösserer Teil des Wassers oberflächlich ab, weil dann die Menge des auf einmal zugeführten Wassers zu gross ist, als dass der Boden dasselbe ganz fassen könnte. Wo die Sandsteintafeln durch Gründe unterbrochen werden, tritt ein Teil des eingesickerten Wassers, wie man besonders im Winter an den Eiszapfen bemerken kann, auf den Schichtenfugen zu Tage und tränkt die Pflanzen, denen die Sonnenstrahlen nur wenig Feuchtigkeit entziehen. In diesen Gründen finden wir daher die Fichte und üppige Farnkräuter, während auf den trockenen Sandsteintafeln selbst nur die bescheidene Kiefer fortkommt. Eigentliche Quellen finden sich in der sächsischen Schweiz nur da, wo die krystallinische Grundlage zu Tage tritt, oder wo die Plänereinlagerung oder die thonige Zwischenschicht das Wasser auffangen, oder wo Basalt oder Lehm den Quadersandstein bedecken. Auf dem Basalt nehmen z. B. die Quellen um den Grossen Winterberg ihren Ursprung, der thonigen Zwischenschicht scheinen einige der Quellen zwischen Rosenthal und Schöna zu entspringen, während andere einem diluvialen Gehängelehm angehören, und das glaciale Diluvium scheint z. B. die kleinen Quellen hinter der Bastei zu erzeugen. Bei weitem am wichtigsten sind aber die Quellen der Plänerschicht. Auf der Plänerschicht treten alle die Quellen um den Schneeberg zu Tage, welche die Biela, den Cunnersdorfer und den Krippenbach bilden; auf ihr entspringen auch die Quellen der Schweizermühle und von Königsbrunn, welche zur Begründung der dortigen Wasserheilanstalten Veranlassung gegeben haben; auf ihr liegt die mächtige Wasserschicht, welche den tiefen Brunnen der Festung Königstein speist, ihr verdanken vielleicht auch, als Spaltquellen, die starken Quellen im Grunde der Langen Biela oberhalb Herrnskretschen ihren Ursprung[1]). Wir haben früher gesehen, dass die Plänerschicht nur auf dem linken Elbufer oder, genauer gesagt, nur südwestlich der Elb-Kamnitzlinie zu Tage tritt, auf dem rechten Ufer dagegen unter der heutigen Sohle der Thäler liegt. Daher sind auch die an diese Schicht gebundenen Quellen im ganzen auf das linke Ufer der Kamnitz-Elbe beschränkt. Das linke Ufer ist aber

---

[1]) Vgl. Gutbier a. a. O. S. 87 f. Schiffner, Beschreibung der sächsischböhmischen Schweiz S. 21 ff.

vor dem rechten auch dadurch bevorzugt, dass die geneigte Schichtenstellung den oberflächlichen Abfluss des Wassers und die Vereinigung der kleinen Wasseradern begünstigt. Es unterscheidet sich daher in Bezug auf seine Bewässerung gar nicht so sehr von anderen Gegenden; am rechten Ufer dagegen können wir stundenlang wandern, ohne unseren Durst stillen zu können, und die Bäche verlieren hier häufig mehr Wasser im Sande, als sie zugeführt erhalten.

Die geognostische Zusammensetzung eines Gebirges bedingt aber neben der Wasserführung auch den Charakter der Verwitterung. Dieselbe wird in der sächsischen Schweiz ganz überwiegend ein mechanischer Prozess sein, denn die Menge des Bindemittels ist im Quadersandstein so gering, dass seine Umänderungen ohne Bedeutung sind, der Quarz aber ist nur unter ganz besonderen Verhältnissen einer chemischen Umwandlung oder Lösung fähig, so dass auch diese gegenüber der mechanischen Wegführung desselben nicht in Betracht kommen kann. Zwar pflegt der an sich weisse oder gelbe Sandstein eine graue Kruste zu besitzen, aber dieselbe beruht nicht auf einer chemischen Umwandlung, sondern auf der Eindringung kleinster organischer Bestandteile zwischen die lockeren Sandkörnchen.

Es sind wesentlich drei Formen, in welchen sich die Verwitterung äussert, in der Bildung von Sand, in der Zersprengung des Gesteins und in der Ablösung ganzer Quaderblöcke. Die Sandbildung kann eine Folge dieser Erscheinung sein, da die Felsblöcke häufig durch die Gewalt des Sturzes zermalmt werden, im allgemeinen aber wird sie die Verwitterung einleiten. Der Regen, der auf das Gestein trifft, dessen Wasser von der Oberfläche nach aussen abfliesst oder in die Klüfte hinabrinnt oder durch das ganze Gestein hindurchsickert, der Bach, der über den Fels dahinrauscht, der Wind, der, mit Sand beladen, die nackten Felswände peitscht, der Wechsel von Wärme und Kälte, der die Quarzkörner und noch mehr das im Gesteine enthaltene Wasser ausdehnt und zusammenzieht, der es zu Eis erstarrt und das Eis wieder schmilzt, die Vegetation, besonders die Moosvegetation, „welche mit ihren Würzelchen zwischen die Sandkörner eindringt und dann in kleinen Polstern abfällt und jedesmal Sandkrusten mit loszieht" (Gutbier S. 100), sie alle sind thätig, um den Sandstein in Sand zu verwandeln.

Wo diese Sandbildung an einem Abhange vor sich geht, fallen die losgelösten Sandkörner infolge ihrer Schwere zu Boden; falls sich keine schützende Vegetationsdecke über den Sand breitet, nimmt der Wind die feineren Sandkörner weg und häuft sie an anderen Stellen wieder auf, aber nur das spülende und fliessende Wasser führt, gegenwärtig wenigstens, grössere Sandmassen auf weitere Entfernung fort. Wo daher das Wasser fehlt, bleibt der Sand liegen und bildet eine Decke, welche das darunter liegende Gestein den Einflüssen der Verwitterung entzieht. Nur wo durch einen Thaleinschnitt oder irgend eine andere Ursache ein steiles Gefäll erzeugt wird, fliesst wenigstens ein Teil des Wassers oberflächlich ab und nimmt den angehäuften Sand mit fort. Während sich daher die Hochflächen im allgemeinen in einem Ruhezustande befinden, entfaltet die Verwitterung ihre volle Kraft an den senkrechten Felswänden, denen wir in der sächsischen Schweiz so häufig begegnen, und deren Entstehung uns später beschäftigen wird. Fast jeder einzelne Quader dieser Felswände zeigt sich von der Verwitterung angenagt. Dass die Seitenflächen der Quadern dieser Einwirkung unterliegen, bezeugen uns vorstehende horizontale Leisten, welche ihre Erhaltung einer grösseren Widerstandsfähigkeit des Gesteines an dieser Stelle verdanken. Am stärksten hat die Verwitterung an den Schichtenfugen und Ablösungsflächen wirken können, worauf die allgemeine Abrundung der Felsblöcke beruht. Diese Abrundung ist am oberen Rande der Felswand, welcher dem Wind und Wetter am meisten ausgesetzt ist, am stärksten ausgeprägt, so dass das Profil der Quaderblöcke hier fast das Ansehen von Kreisquadranten gewinnt. Greift aber die Verwitterung nicht nur von einer Seite, sondern, wie es bei einzelnen Felspfeilern der Fall ist, von allen Seiten an, so schliesst auch die Oberfläche der Felsen halbkugelförmig ab. An anderen Punkten findet sich an diesen nackten Felsoberflächen eine unregelmässige Abwechselung von Höckern und Leisten, Löchern und Furchen, welche Gutbier (S. 58 ff.) passend mit den Karrenfeldern der Schweizer Kalkalpen vergleicht, wenngleich sie an Grösse weit hinter denselben zurückbleiben, da die Höhendifferenzen hier wohl kaum je mehr als $1/4 - 1/8$ m betragen. Die Furchen pflegen von dem Gipfel des Blockes nach allen Seiten abzufallen und weisen dadurch vielmehr auf eine Thätigkeit des Wassers als des Windes hin; das Wasser hat hier natürlich nicht chemisch, sondern mechanisch gewirkt, und wie im Kalke eine ungleiche chemische Zusammensetzung dem Wasser den Weg zu weisen scheint, so scheinen hier die kleinen Rücken und Gipfel durch gröbere Quarzkörner bedingt zu sein. An einzelnen Stellen, besonders an den Kanten der Tafelberge, findet man beckenförmige Vertiefungen, welche vielfach für alte, künstlich ausgehöhlte, Opferbecken gehalten worden sind, welche ihre Entstehung aber wohl gleichfalls dem auftreffenden Regenwasser verdanken.

Auch in einer anderen Beziehung bringt die mechanische Auflockerung des Sandsteines eine ähnliche Wirkung wie die chemische Lösung des Kalkes hervor. In vielen Fällen sind die Sandsteinflächen dicht mit Löchern besetzt, zwischen denen ein unregelmässiges Netzwerk aus feuchtem, leicht zerreiblichem Sandstein stehen geblieben ist[1]). Diese Löcher scheinen sich nur an den Seitenflächen und Unterflächen (bei Ueberhängen), nie aber an den Oberflächen zu finden. An den Unterflächen haben sie eine kreisförmige Gestalt, an den Seitenflächen die Gestalt eines Kreissegmentes, das etwas grösser als ein Halbkreis, und dessen abschneidende Sehne horizontal ist und immer den unteren Rand bildet. Besonders häufig und gut ausgebildet sind diese Löcher an den Schichtenfugen, wo sie die Gestalt kleiner Höhlchen annehmen. Sie sind dann kugelförmig nach innen gewölbt, der Boden ist eine horizontale oder sanft nach aussen, selten nach innen geneigte Ebene, die häufig mit Sand bedeckt ist. Im allgemeinen haben sie 10—15 cm Oeffnungshöhe; es findet jedoch ein allmählicher Uebergang zu den

---

[1]) Vgl. die Abbildungen bei Gutbier, Geogn. Skizzen S. 93—98.

grösseren Höhlen statt, deren Höhe oft 5 m erreicht. Manche Bänke scheinen eine besondere Empfänglichkeit für diese Bildungen zu besitzen, denn man sieht hier eine Höhle unmittelbar neben der anderen, während sie darüber und darunter gänzlich fehlen. Gutbier hält diese Löcher und Höhlen für eine Wirkung des Nebels, welcher sich besonders in den Felsendickichten fängt. Ein kieselig-thoniges Bindemittel, wie in den meisten feinkörnigen Sandsteinen vorhanden, widerstehe am besten der Zerstörung; walte aber der Thon vor, so nehme er begierig das Wasser auf, welches ihn mechanisch aufweiche und ausführe. Aber es ist schwer, sich vorzustellen, wie der Nebel Höhlen von 5 m und grösserer Höhe geschaffen haben soll, so dass auch Gutbier für diese grösseren Bildungen zum Teil die Hilfe des Meeres in Anspruch nimmt. Vielfach begegnet man ihnen an ganz frei gelegenen Stellen, z. B. an den Wänden der Kaiserkrone, wo Nebel nur ganz selten auftreten, und andererseits sieht man sie auch in Steinbrüchen angedeutet, wo der Nebel noch gar keinen Zutritt gewonnen hat. Wenn diese Bildungen also nicht wohl vom Nebel hervorgerufen sein können, so hat Gutbier doch darin sicherlich Recht, dass sie dem Wasser zugeschrieben werden müssen, welches sich innerhalb des Gesteines befindet; da ist aber das Schwitzwasser, das von oben in den Felsen einsickert und denselben ganz durchdringt, bis es von der Unterfläche der Bänke herabtropft oder sich in den Schichtenfugen sammelt, von weit grösserer Bedeutung als das Wasser, das von unten und der Seite her aus der Atmosphäre aufgenommen wird. Die Wirkung dieses Schwitzwassers ist eine rein mechanische, so dass wir keinen stalaktiten- und stalagmitenartigen Bildungen begegnen; wir vermögen jedoch nicht zu sagen, wie weit das Wasser selbst, und wie weit das Gefrieren desselben wirksam ist. Eine andere Schwierigkeit für die Erklärung liegt darin, dass sich im allgemeinen nicht zusammenhängende Eintiefungen, sondern eben diese Löcher und Höhlchen gebildet haben, welche durch schmalere oder breitere Zwischenräume getrennt sind. Bischof, der sich mit den gleichartigen Sandsteinbildungen von Adersbach und Weckelsdorf beschäftigt hat, sieht die Ursache in einer verschiedenen Härte und Widerstandsfähigkeit des Gesteines [1]), aber es ist unwahrscheinlich, dass in horizontaler Richtung eine so regelmässige Abwechselung harter und weicher Stellen stattfinde. Die Ursache liegt vielmehr in der Verteilung des Wassers, welches besonders an den Wurzeln der Gewächse in das Gestein dringt und in einzelnen, wenn auch vielen und kleinen Fäden das Gestein durchsickert. An manchen Stellen fehlen diese Unregelmässigkeiten; statt einer Reihe von Höhlen finden wir eine Art Ueberhang, dessen stark angegriffene Decke eine gleichmässig nach innen geneigte Ebene bildet.

Nachdem an einem Punkte der Anfang mit der Wegführung des Sandes gemacht und so ein Löchelchen gebildet war, musste die Vergrösserung desselben leichter vor sich gehen; auf horizontalen Flächen gleichmässig nach allen Seiten, während an vertikalen Flächen

---

[1]) Neues Jahrbuch für Mineralogie u. s. w. 1844.

das Sickerwasser nur von oben und von den Seiten her wirken konnte. Je mehr Wasser an einem Punkte zusammenfliesst, und je angreifbarer der Sandstein ist, um so stärker wird die Wirkung sein; daher kommt es, dass diese Höhlchen sich besonders an den Schichtenfugen finden, dass die grösseren Höhlen in einem Niveau zu liegen pflegen, wie man am Kuhstall oder am Quirl so schön beobachten kann. Jede solche Höhle kann sofort wieder der Ausgangspunkt für neue Angriffe werden; am hinteren Ende finden sich daher vielfach kleinere Höhlchen von gleicher Gestalt. Mitunter werden dieselben zu engen Gängen, deren Länge leicht 1 m erreicht; sie mögen etwas grösseren Wasserfäden entsprechen. Der Zwischenraum zwischen zwei Höhlchen wird von beiden Seiten angegriffen; an der schmalsten Stelle stehen dieselben daher vielfach durch kurze Gänge in Verbindung, die der Aussenwand parallel laufen, dazwischen bleiben dann sanduhrförmige Pfeiler oder kurze Wände stehen; wenn auch diese weggewaschen werden, so entstehen einfache Einbiegungen im unteren Teile der Bänke.

Die grösseren Höhlen der sächsischen Schweiz sind, soweit sie diesen Namen überhaupt mit Recht tragen, wesentlich dieselben Bildungen, wie die kleinen Höhlchen und Ueberhänge. Die Hieckelshöhle in den Hieckelsschlüchten, die etwa 8 m hoch, 14 m tief und 45 m breit ist (Gutbier S. 98), ist nichts als ein grosser Ueberhang; der Diebskeller im Quirl mit 35 m Tiefe und 17 m Breite [1]) unterscheidet sich nur durch die Grösse von den kleineren Höhlchen. Es kommt, z. B. in den Tyssaer Wänden, vor, dass diese Höhlen eine ganze Felswand durchsetzen und dadurch zu Thoren werden. Der Kuhstall und das Prebischthor sind solche Thore, nur dass hier oberflächlich spülendes Wasser und die Wegführung ganzer Quadern mitwirken mochte, obgleich die Einleitung des Prozesses immer durch die Sandbildung geschah.

Andere Thore sind ganz anderer Entstehung; sie bilden mit vielen der zahlreichen Löcher und Keller und manchen sogenannten Höhlen zusammen eine Gruppe von Bildungen, die alle den Charakter von Durchgängen haben, sich aber auf drei verschiedene Typen zurückführen lassen. Entweder sind es einfache Klüfte, deren Wände nach oben zusammenneigen (z. B. die Dianenhöhle bei der Waltersdorfer Mühle) oder enge Schluchten, die oben durch herabgefallene Felsblöcke geschlossen sind (Uttewalder Felsenthor, Amselloch u. s. w.), oder, und zwar am häufigsten, entstehen sie dadurch, dass sich Felsblöcke geneigt und an eine Wand angelehnt haben (z. B. der Diebskeller am Bürenstein, Kuhstall am Pfaffenstein) [2]).

Verhältnismässig weniger wichtig als die Sandbildung ist die Zersprengung des Gesteines durch die Verwitterung. Die Sprünge, welche von den auf ganz andere Kräfte zurückzuführenden Losen oder Klüften (vgl. S. 287 [43] ff.) wohl zu unterscheiden sind, laufen durchaus

---

[1]) Schäfer und Friedemann, Neues Wanderbuch durch Sachsen I, S. 35.
[2]) Ein Verzeichnis derartiger Bildungen, aber ohne Beschreibung, gibt Schiffner a. a. O. S. 7 und 8.

nicht immer von einer Schichtenfuge zur anderen, sondern gehen häufig nach oben, häufig nach unten blind aus. Sie haben oft eine senkrechte Richtung; ein interessantes Beispiel dafür findet sich am Diebskeller beim Bärenstein, wo man an einem grossen, schief an eine Wand gelehnten Felsblocke einige Sprünge senkrecht auf der Schichtfläche stehen, andere gegenwärtig eine senkrechte Stellung einnehmen sieht. Diese Sprünge können nur eine Wirkung der Vegetation oder des Frostes sein; manchmal mögen sich allerdings Baumwurzeln in den Fels gedrängt und ihn zerspaltet haben, im ganzen aber werden wir die Sprünge auf das Gefrieren zurückführen müssen. Der Gefrierprozess hat im allgemeinen bei porösen Gesteinen das Zerfallen in Sand, bei dichten Gesteinen die Entstehung von Sprüngen und eckigen Bruchstücken zur Folge. In unserem grobkörnigen, fast cämentlosen Sandsteine wird daher die Bildung von Sand an der Oberfläche die verbreitetere Wirkung sein, aber hier und da, wo sich etwa grössere Wasseradern finden, mag wohl auch einmal der ganze Stein auseinandergesprengt werden. Besonders häufig bilden sich derartige Sprünge parallel grösseren Klüften, an denen eine ganze Felswand gleichsam abblättert.

Eine dritte Art der Wirkung, welche aber mit der vorigen viel Aehnlichkeit hat, besteht in der Ablösung ganzer Quaderblöcke. „Füllt sich die Kluft mit Schnee, dringt später Wasser in sie und friert hierauf das Ganze, so werden die Felsen wie durch einen Keil auseinandergetrieben und teils ganze Felsmassen abgesprengt, teils an benachbarte angelehnt" (Bischof a. a. O.). Dasselbe Resultat tritt ein, wenn Bäume ihre Wurzeln in die Klüfte hinabsenken und beim Wachsen den Fels zur Seite drängen, wenn durch Sandbildung die Lose und Schichtenfugen immer mehr erweitert werden, so dass der Block endlich seinen Halt verliert und hinabfällt, oder wenn ein Bach oder eine Regenflut den letzten Widerstand überwindet und den Fels mit sich fortreisst.

Noch mehr natürlich als die Sandbildung ist die Ablösung ganzer Quadern an die mehr oder weniger steilen Felswände gebunden, weil nur hier das Gefälle vorhanden ist, welches die Entfernung der gelockerten Blöcke ermöglicht. Im allgemeinen wird die Ablösung der Blöcke an der oberen Felskante beginnen und von hier gleichzeitig nach unten und hinten, jedoch mit grösserer Schnelligkeit nach unten fortschreiten, so dass meist ziemlich steile Abhänge entstehen. Auf Fig. 1 ist über der Linie DF der Fortschritt der Ablösung bei würfelförmigen Blöcken, d. h. bei gleichem Abstande der Lose und Schichtenfugen, bei völlig gleichartiger Beschaffenheit des Gesteines und Abwesenheit stärkerer Wasserwirkung schematisch dargestellt. Die lateinischen Buchstaben bezeichnen die horizontalen Bänke, die griechischen die vertikalen Reihen. Zuerst wird sich $a\alpha$ und $b\alpha$ ablösen, nun erst wird $a\beta$ bei hinreichender Abrundung seinen Halt verlieren können. Gleichzeitig mit $a\beta$ fällt aber auch $c\alpha$ u. s. f., wie die eingeschriebenen Zahlen andeuten. Man sieht, dass am Ende jedes Zeitraumes ein treppenförmiges Ansteigen stattfindet, wobei jede Stufe zwei Quadern hoch und eine breit ist, so dass der Neigungswinkel der Felswand 63 $^1/_2$ beträgt (tang φ = 2). Die quaderförmige Absonderung ist es also, welcher die sächsische Schweiz ihre steilen Felswände verdankt, durch die sie

Fig. 1.

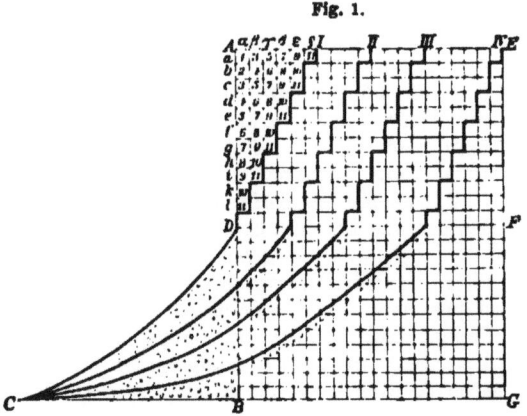

sich so wesentlich von den meisten anderen deutschen Mittelgebirgen, z. B. dem in vieler Beziehung so verwandten rheinischen Schiefergebirge, unterscheidet.

Natürlich erleidet dies Normalprofil in der Natur die mannigfachsten Abänderungen. Grössere Wassermenge, welche z. B. aus einer Neigung der Oberfläche entspringen kann, verstärkt die in horizontaler Richtung wirkenden Kräfte, bedingt also einen sanfteren Abfall der Wand und damit eine Verdrängung der Felsen durch humusreicheren Boden. Pfeilerförmige Gestalt der Quadern begünstigt die Abtragung nach der Tiefe, plattenförmige die Abtragung nach hinten. Am wichtigsten aber ist ungleiche Beschaffenheit der übereinanderliegenden Gesteinsbänke; sind die unteren Bänke weicher, neigen sie besonders zur Bildung von Höhlen und Ueberhängen, so werden sie eher zerstört als die darüberliegenden. Mitunter, nämlich wenn die Kluft, an welcher der Abbruch erfolgt, etwas nach hinten gerückt fortsetzt, behalten die oberen Bänke ihre Lage und bilden Ueberhänge, meist aber verlieren sie ihren Halt und stürzen herab oder senken sich auch nur, wenn sie dem Boden nahe sind und die Ablösungsflächen weit auseinanderliegen, sanft abwärts, ohne eine Bewegung in horizontaler Richtung zu erleiden und ohne den alten Platz ganz zu verlassen. Die meisten der oft haushohen Blöcke, welchen man überall begegnet, und die man häufig an die Felswände lehnen sieht, sind auf diese Weise in ihre heutige Lage gebracht worden. Verheerender sind die eigentlichen Bergstürze, bei denen oft mehrere Hundert Kubikmeter zugleich abstürzen und grossenteils zertrümmern; die grosse Zahl glatter, senkrechter Felswände weist auf die Häufigkeit solcher Bergstürze hin. Eine grössere Weichheit der oberen Bänke oder auch nur einer der oberen Bänke hat umgekehrt ein schnelleres Zurückweichen derselben und damit Terrassenbildung zur Folge; viele der Felsterrassen, welche der Wanderer an den Schrammsteinen, an den Felswänden beim Prebischthor, am Teichstein u. s. w. so deutlich und auf so weite Erstreckung bemerkt, sind auf diese Ursache zurückzuführen, ohne dass die Corrosion des Windes dabei eine bedeutende Rolle gespielt zu haben scheint. Besteht die ganze Wand aus weichen, thonigen Schichten, wie vielfach am linken Elbufer der Fall ist, so geht der Wandcharakter überhaupt verloren, und ein gleichmässig sanft geneigtes Gehänge tritt, ähnlich wie bei grösserem Zufluss von spülendem Wasser, an seine Stelle.

Wenn die Ablösung der Blöcke nur durch die Schwere erfolgte, so müsste sie an der ganzen Wand gleichmässig vor sich gehen, die Wand würde vollkommen geschlossen und geradlinig zurückweichen. Das abfliessende Wasser dagegen wird durch die kleinste Unregelmässigkeit abgelenkt und sammelt sich daher vielfach zu kleinen Wasserfäden an, welche in grösserem oder geringerem Abstande von der Wand herabträufeln. An dieser Stelle wird daher ein Block eher als rechts und links daneben fallen, und sobald einmal der Gegensatz gegeben ist, wird er sich immer mehr verstärken, weil der einmal gebildete Riss das spülende Wasser von allen Seiten an sich zieht, und weil er die Angriffsfläche für die Auflockerung des Gesteines vermehrt.

Die kleinen Risse oder Schluchten, welche auf diese Weise entstehen, sind meist geradlinig, weil sie die Stelle einer oder mehrerer Quaderreihen einnehmen, und pflegen in ziemlich gleichmässigen Abständen aufzutreten. Einen eigentümlichen Ausdruck erhalten die Felswände, wenn ihre Richtung die Kluftrichtungen schräg schneidet. Die Südseite des Königsteins bildet hierfür ein typisches Beispiel, indem sie sich als eine regelmässige Zickzacklinie darstellt, deren einzelne Stücke einander in nahezu rechten Winkeln schneiden. Ganz in der Nähe ist die regelmässige Wandbildung an der Nordseite des Quirl besonders schön zu beobachten [1]). Wenn lokal mehr als zwei Kluftsysteme ausgebildet sind, so geht die Regelmässigkeit verloren, so finden sich vielfach schiefwinkelige Blöcke, so gewinnen die Felswände ein rauhes und unregelmässiges Ansehen.

Diese Risse greifen gewöhnlich nicht sehr tief in die Wand hinein, denn sie verdanken ja ihre Fortpflanzung dem Regenwasser, dessen Abfluss sie selbst erst hervorrufen, das ihnen also ebensogut oder beinahe ebensogut von den Seiten wie von hinten zuströmt. Von den im allgemeinen auf der Wand senkrecht stehenden Hauptschluchten zweigen sich daher unter rechtem Winkel wenig kürzere Seitenschluchten ab, welche der Wand parallel gerichtet sind. Die Seitenschluchten zweier benachbarten Hauptschluchten können sich zu einer Schlucht vereinigen und so eine Gruppe von Felsquadern von der Wand abtrennen. Gewöhnlich sind diese Schluchtensysteme auf den Rand einer Felswand beschränkt, aber unter günstigen Umständen, namentlich wenn bei einem schmalen Rücken oder einem Tafelberge der Angriff der Witterung von zwei oder mehr Seiten erfolgt und die Wand eine grössere Höhe besitzt, können dieselben eine beträchtliche Ausdehnung gewinnen. Der Pfaffenstein, die Felsen südlich der Schweizermühle,

---

[1]) Vgl. die Abbildungen bei Gutbier S. 33.

die Tyssaer Wände gehören zu den schönsten und bekanntesten Beispielen solcher wirrer Schluchtenkomplexe. Aber die Quadergruppen zwischen benachbarten Schluchten werden allmählich immer mehr verkleinert. Auf den Felskanten und Felsrücken sind auf diese Weise einzelne Blöcke liegen geblieben, in welchen die Phantasie vielfach Aehnlichkeiten mit einem Lamm oder einer Lokomotive oder Stiefel und Stiefelknecht entdeckt hat. Auf diese Weise sind auch die einzelnen Felspfeiler wie der Prebiskegel, die Katzenkirche bei Dittersbach, die Herkulessäulen bei der Schweizermühle, die Barbarine am Pfaffenstein entstanden. Endlich werden auch sie der Verwitterung unterliegen, aber schon sind neue gleiche Gebilde hinter ihnen geschaffen worden.

Die Blöcke und der Sand, welche durch Schwere und Wasser aus der Felswand ausgebrochen sind, fallen auf den terrassenartigen Vorsprüngen und am Fusse derselben nieder und würden sich daselbst zu einem immer höher anwachsenden und schliesslich die ganze Felswand verhüllenden Schuttkegel anhäufen, wie es in der Sahara thatsächlich der Fall ist, wenn nicht das Wasser an ihrer Fortschaffung arbeitete. Fliesst unmittelbar am Fusse der Wand ein grösserer Bach oder ein Fluss vorüber, so entfernt derselbe allen durch die Verwitterung gelieferten Schutt; im allgemeinen bleibt aber diese Wegschaffung dem von der Oberfläche der Wand und aus den Schichtenfugen herabträufelnden Wasser überlassen, welches auf dem Schuttkegel herabrinnt und die leichteren Bestandteile wegspült oder auch in denselben einsickert und an der Oberfläche desselben langsam nach aussen dringt, hier ebenso wie auf den Schichtenfugen die feineren Partikeln mit sich nehmend. So häuft sich der Schutt nur bis zu einer bestimmten Höhe an, in welcher ein Gleichgewicht zwischen der Transportkraft und der Schuttbildung an dem noch frei aufragenden Teile der Wand erreicht ist. Bevor das jedoch geschehen ist, pflegt der obere Teil der Wand ein ganzes Stück zurückgewichen zu sein, so dass der Schutt auch den noch nicht zurückgewichenen unteren Teil der Felswand bedeckt. Der Fusskegel einer Felswand pflegt daher nur an der Oberfläche aus losen Blöcken und Sand, im inneren Teile dagegen aus festen Quadern zu bestehen. Strasseneinschnitte in solchen Fusskegeln zeigen grossenteils anstehendes Gestein, ja häufig sind sogar Steinbrüche in den Fusskegeln in Betrieb. Die Fusskegel sind zwar durch neue Zuführung und Wegführung von Schutt in beständiger Veränderung begriffen, aber dieselbe geht äusserst langsam vor sich; der leicht bewegliche Sand hat daher meist eine gleichmässige Böschung angenommen, Kiefernwald hat sich auf demselben angesiedelt und ihm eine gewisse Festigkeit verliehen, und nur die grossen, oft schon halb eingehüllten, Felsblöcke mitten im Walde belehren uns über die Natur dieser Abhänge. Nur wenn einmal eine ganze Wand in einem gewaltigen Bergsturze herabkommt, bietet sich dem Auge ein wirrer Trümmerhaufe dar, wie ihn der Wanderer im Hochgebirge an der Mündung jedes Wildbaches zu sehen Gelegenheit hat. Ein solcher Vergleich mahnt uns an die Kleinheit der sächsischen Schweiz und die Zahmheit ihrer Gebirgsnatur, wenn uns der Anblick der senkrechten Felswände dieselbe vielleicht für eine Weile hatte vergessen lassen.

Die Felswände haben nicht nur für die landschaftliche Physiognomie, sondern für den ganzen Organismus der sächsischen Schweiz eine so grosse Bedeutung, dass wir noch etwas länger bei ihnen verweilen und die Gesetze, welche für ihre Bildung massgebend sind, etwas näher betrachten müssen.

Die Gesetze der Erosion lehren uns, dass die Gestalt und Lage eines Wasserfadens, welcher gerade allen zugeführten Schutt wegschaffen kann, von der Menge und Beschaffenheit dieses Schuttes, von der Wassermenge und von der Lage der Mündung oder der Erosionsbasis abhängig ist. Je grösser die Wassermenge ist, desto kleiner braucht das Gefäll zu sein, um gleiche Wasserkraft zu erzeugen; je grösser die Schuttmenge ist, desto grösser muss dagegen die Wasserkraft oder, bei gleicher Wassermenge, das Gefäll sein, um ihn vollständig fortzuschaffen. Durch das Verhältnis von Wasser und Schutt ist die Gestalt des Wasserlaufes, die im allgemeinen eine nach aufwärts ansteigende Kurve sein wird[1]), bestimmt, aber die Lage derselben verändert sich mit der Lage ihrer Mündung oder Basis. Je höher diese über dem Meeresspiegel liegt, um so höher auch ein bestimmter Punkt der Kurve, je weiter die Mündung von der Wand entfernt ist, um so weiter aufwärts, also in einem um so höheren Punkte, schneidet die Wand die Kurve. Diese Gesetze finden aber auf die Gestaltung einer Felswand und ihres Fusskegels Anwendung, weil dessen Anwachsen, wie wir sahen, in dem Fortschaffen des Schuttes durch das Regenwasser seine Grenze findet. Die freie Felswand wird an jeder Stelle und zu jeder Zeit so hoch sein, dass der von ihr gelieferte Schutt durch das abfliessende Regenwasser bis zum nächsten Bach und von diesem weiter zum Fluss fortgeschafft werden kann.

Die gegebenen und mit Ort und Zeit wechselnden Grössen (Fig. 2)

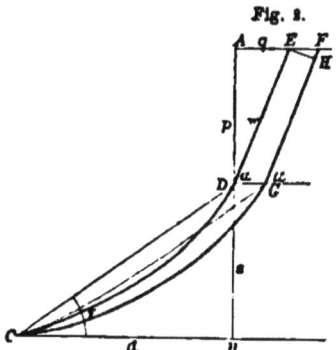

Fig. 2.

sind: die Wand AB, welche von der Erosionsbasis C einen Abstand BC=d und über derselben eine Höhe AB = h besitzt, die auf der Flächenein-

---

[1]) Vgl. irgend ein Lehrbuch der Geologie oder physischen Geographie, z. B. v. Richthofens Führer S. 133 ff., oder auch der Wasserbaulehre. Eine besonders eingehende Behandlung bei Gilbert, Report on the Geology of the Henry Mountains S. 93 ff. und Philippson, Ein Beitrag zur Erosionstheorie, Peterm. Mitteil. 1886 S. 92 ff.

heit fallende Regenmenge R und die Stärke der Verwitterung V. Die Wand AB = h gliedert sich infolge der Verwitterung bald in die freie, unter einem nach der Beschaffenheit des Gesteines verschiedenen Winkel α nach rückwärts ansteigende, Felswand DE = w, deren vertikale Komponente AD wir mit p, deren horizontale Komponente AE wir mit q bezeichnen wollen, und einen Fusskegel DC, dessen Höhe DB=s, dessen Basis BC = a und dessen Böschung eine Kurve mit dem mittleren Neigungswinkel φ ist. Es gelten dafür die Bezeichnungen s = d tang φ, p = w sin α, h = p + s = w sin α + d tang φ. Die Verwitterung erfolgt nur an dem freien Teile der Wand w, der Betrag der Schuttbildung S oder, anders ausgedrückt, der Abtragung in einem bestimmten Zeitraum T ist gleich der Grösse der Wand, multipliziert mit der mittleren Stärke der Verwitterung, also S = wV. Wir können hierbei V durch eine Senkrechte auf ED, nämlich durch EH darstellen, so dass S = w . EH. Diese Masse wird, wenn Gleichgewicht zwischen Schuttbildung und Transportkraft vorhanden ist, bis an das untere Ende C des Fusskegels und von da aus durch andere Agentien weiter transportiert. Das Volumen des Fusskegels bleibt also in diesem Falle dasselbe, d. h. D wird bei der Abtragung in einer der Basis BC parallelen Linie bis zum Schnittpunkt G der in H zu w gezogenen Parallele rückwärts verlegt, so dass die Abtragung S im Zeitraume T durch das Parallelogramm EFGD repräsentiert wird, und die Wand aus der Form EDC in die Form FGC übergegangen ist.

Es fragt sich nun, unter welchen Bedingungen die Grösse der freien Wand w und die Höhe des Fusskegels h oder, anders ausgedrückt, unter welchen Bedingungen die Stärke der Abtragung und des Transportes im Gleichgewichte bleiben, welchen Einfluss eine Veränderung der Grössen d, h, α, V und R darauf ausübt.

Man könnte meinen, dass schon die Zurücklegung der Wand an sich, d. h. die Vergrösserung von d, dieses Gleichgewicht stören müsste, da doch die Böschungskurve mit wachsender Entfernung von ihrem Fusse immer höher ansteigt. Aber die Zurücklegung der Wand und die Einbeziehung rückliegender Teile in den Abfluss hat zugleich eine Vermehrung der Wassermenge und damit eine Herabdrückung der Kurve, eine Verkleinerung ihres mittleren Neigungswinkels φ, zur Folge. Bald wird sich der eine, bald der andere Faktor stärker geltend machen; im Mittel werden sie, wie uns die Erfahrung lehrt, einander aufheben, d. h. der freie Teil der Wand und der Fusskegel werden in verschiedenen Abständen vom Fuss das gleiche Höhenverhältnis bewahren. Der obere Teil des alten Fusskegels, mag derselbe aus Schutt oder aus anstehenden Quadern bestanden haben, wird bei der Rückverlegung der Wand abgetragen. Je weiter diese Rückverlegung fortschreitet, um so tiefer greift die Abtragung in den Kern des alten Fusskegels hinab, um so mehr legt sie die bei der ersten Zerstörung der Wand stehen gebliebenen und von Schutt überdeckten unteren Teile wieder bloss und trägt auch sie jetzt ab, so dass man im unteren Teile längerer Fusskegel nicht, wie man zuerst erwarten sollte, mächtige Schuttmassen, sondern einen, nur von einer dünnen Schuttlage bedeckten, sanft ansteigenden Boden anstehenden Gesteines findet.

Auch die Höhe h der Wand kann an verschiedenen Orten und zu verschiedenen Zeiten verschieden sein. Je höher die Wand ist, auf einer um so grösseren Fläche erfolgt der Angriff der Verwitterung, um so grösser ist also die Schuttbildung, um so steiler muss der Fusskegel ansteigen, um den Transport der grösseren Schuttmenge zu ermöglichen, um so höher erhebt er sich daher über die Erosionsbasis. Der Böschungswinkel des Fusskegels nimmt also mit der Höhe der Wand zu, die Höhe desselben bewahrt zur Höhe der Wand und damit auch zur Höhe des freien Wandteiles immer das gleiche Verhältnis. Die Abtragung $S = w$. EH ist also der Höhe der Wand proportional, der Grad des Rückschreitens EF ist von der Höhe unabhängig [1]). Eine solche Aenderung der Höhe kann an einer und derselben Wand im Laufe der Zeit eintreten, wenn die Platte, deren Rand die Wand bildet, nicht horizontal, sondern geneigt ist. Ist diese Neigung von der Wand aus rückwärts gerichtet, so wird der freie Wandteil allmählich immer niedriger und kann schliesslich ganz verschwinden, womit die Abtragung ein Ende hat; im umgekehrten Falle dagegen wird die Wand mit der Zeit immer höher, bietet also der Verwitterung eine immer grössere Angriffsfläche dar. Es handelt sich hier natürlich nur um den Fall, dass an der Oberfläche der Platte selbst keine oder nur eine ganz geringe Abtragung stattfindet; eine stärkere Neigung derselben ist in der sächsischen Schweiz kaum vorhanden und braucht darum auch nicht betrachtet zu werden. Ebensowenig kommt eine Neigung der Grundfläche zur Geltung, wie sie sich an Felswänden einstellen kann, die durch Verwerfung gebildet sind. Der Fusskegel bewahrt natürlich seine Lage gegen die Horizontale, wird also im Falle einer gegen die Wand gerichteten Neigung der Grundfläche besonders gross, im anderen Falle besonders klein werden, so dass in jenem Falle die Abtragung gehemmt, in diesem gefördert wird.

Wir haben die Felswand bisher als senkrecht betrachtet; sie kann aber auch eine grössere oder geringere Neigung besitzen oder in Terrassen ansteigen. Die Wirkung dieses Umstandes besteht nur darin, dass ein Teil des Schuttes schon auf den Terrassen oder sanfteren Gehängestrecken liegen bleibt, dass also der Fusskegel in mehrere Teile zerlegt wird; aber er ist uns zugleich ein Anzeichen für eine weichere Gesteinsbeschaffenheit und reichlichere Wasserzuführung, also für zwei der Abtragung günstige Umstände.

Je stärker aus irgend einem Grunde die Verwitterung ist, um so grösser ist auch die Schuttbildung, um so steiler muss der Neigungswinkel φ werden, damit die gleiche Wassermenge den Schutt noch bewältigen kann. Dadurch tritt aber eine Verkleinerung des freien Wandteiles w und damit eine Beschränkung der Schuttbildung ein, welche der stärkeren Verwitterung entgegenwirkt. Eine vermehrte Intensität der Verwitterung hat also auch vermehrte Schuttbildung im Gefolge, aber die Vermehrung erfolgt nicht in dem gleichen Verhältnis.

Umgekehrt wird bei einer Vermehrung des abfliessenden Regen-

---

[1]) Dutton hat diesen Satz in der Tertiary History of the Great Cañon District mehrfach, besonders S. 63, betont, aber auf den Beweis desselben verzichtet.

wassers die Böschung φ verkleinert, der freie Wandteil w und damit die Angriffsfläche der Verwitterung vergrössert, es tritt also eine Verminderung der Schuttbildung ein, welche die Verkleinerung des Fusskegels einschränkt.

Vergrösserung der Wassermenge und Verstärkung der Verwitterung werden in der sächsischen Schweiz im allgemeinen Hand in Hand gehen. Die grössere Empfänglichkeit des Gesteines für die Verwitterung besteht, wie wir sahen, wesentlich in einer grösseren Zugänglichkeit und Angreifbarkeit für das Wasser, womit aber ein reichlicheres Hervortreten desselben verbunden ist. Bei einer grösseren Neigung der Oberfläche strömt das Wasser reichlicher zu, aber bringt auch gleich eine Menge Schutt vom oberen Teile der Gehänge mit. Auch eine Schichtenneigung hat grössere Zufuhr von Wasser und Schutt im Gefolge. Steigen wir in grössere Meereshöhe auf, so nimmt, wenn auch unbedeutend, die Regenmenge und damit die Transportkraft zu, aber zugleich wird durch diese grössere Regenmenge und durch den häufigeren Frost die Verwitterung und damit die Schuttbildung vermehrt. Wird das Klima im Laufe der Zeit rauher, so tritt natürlich dieselbe Wirkung ein; wird es umgekehrt trockener, so nimmt die Verwitterung ab.

Es ist daher meist schwer, a priori zu bestimmen, ob die Vermehrung der Wassermenge oder der Schuttzuführung eine grössere Wirkung ausüben, ob also der Fusskegel im Verhältnis zur freien Wand grösser oder kleiner werden wird. Im allgemeinen unterliegt dies Verhältnis geringeren Schwankungen, als man zunächst denken sollte, und nur in extremen Fällen, wenn etwa ein tropisches Klima mit gänzlichem Mangel an Frösten oder andererseits ein regenloses Wüstenklima eintreten sollte, würde der Schuttkegel fast ganz verschwinden oder die Felswand ganz verhüllen. Aber ein gleiches Verhältnis von Fusskegel und freier Wand zeigt keineswegs eine gleiche Stärke der Schuttbildung und Abtragung an. Während Wassermenge und Stärke der Verwitterung in Bezug auf den Böschungswinkel und die Höhe des Fusskegels einander entgegenwirken, unterstützen sie einander in Bezug auf den Betrag der Schuttbildung. Sowohl eine grössere Stärke der Verwitterung wie eine grössere Menge des abfliessenden Wassers haben vermehrte Schuttbildung und Abtragung im Gefolge; erst recht tritt diese also ein, wenn bei geneigter Oberfläche, Schichtenneigung, weicherer Gesteinsbeschaffenheit, höherer Lage, rauherem Klima sowohl Verwitterung wie Wassermenge sich steigern. Wenn zwei in allen diesen Beziehungen verschiedene Wandstrecken an einander grenzen sollen, so würde nach einiger Zeit ihr Profil mehr oder weniger dasselbe geblieben, aber die eine viel weiter zurückgerückt sein als die andere.

Die Aenderungen in der Entfernung der Erosionsbasis, der Neigung der Platte, der Höhe und Gestalt der Wand, wie wir sie kennen gelernt haben, können sich unter einander und mit den Aenderungen der Verwitterung und Regenmenge in der verschiedensten Weise verbinden und danach einander entweder unterstützen oder einander entgegenwirken. Es ist nicht nötig, alle diese Kombinationen im einzelnen durchzuführen, nur den Einfluss der Schichtenneigung wollen wir etwas näher ins Auge fassen (vgl. Fig. 3) [1]).

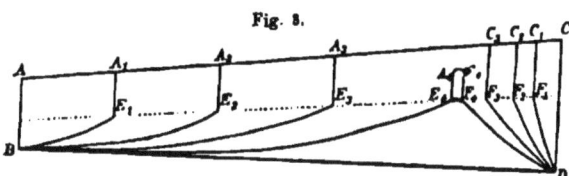
Fig. 3.

Die Sandsteinbänke der sächsischen Schweiz sind grossenteils schwach nach N oder NE geneigt, und mit der Neigung der Schichten ist meist eine gleiche Neigung der Oberfläche verbunden, auch wenn die ursprüngliche Oberfläche längst abgetragen ist. Auf jeder Seite einer solchen geneigten Platte können durch Verwerfungen oder Thalbildung Felswände gebildet werden, an welchen die Verwitterung ihren Angriff einsetzt; welche Höhe die ursprüngliche Felswand besitzt, hängt von den Bildungsursachen derselben ab und hat mit der Verwitterung nichts zu thun. Wir wollen annehmen, dass der Fusspunkt D der Wand auf der oberen Seite, d. h. der Seite der Schichtenköpfe, in derselben Meereshöhe liege wie der Fuss B der unteren Seite, dass also dort die Wand entsprechend höher sei. Wie erst betrachten wir die Neigung der Platte als so gering, dass sie von der Verwitterung nicht angegriffen werden kann. Es ist der Fall denkbar, dass die Höhe der Wand AB auf der unteren Seite gleich 0 ist; dann wird die Platte nur von D her angegriffen werden. Ist aber auf der unteren Seite eine Felswand vorhanden, so wird sie ebensogut zurückverlegt wie auf der oberen Seite und sogar in schnellerem Tempo als dort, weil Wassermenge und Schuttbildung auf der Seite des Schichteneinfalls viel reichlicher sind. Der geringeren Höhe der Wand entsprechend, ist das Mass der Abtragung auf der unteren Seite bei gleichem Rückschreiten ein geringeres, aber je weiter die Rückverlegung gediehen ist, um so kleiner wird der Unterschied, so dass das schnellere Rückschreiten den Einfluss der geringeren Wandhöhe ausgleichen und überwiegen kann. Manche Forscher, z. B. Ramsay, dem wir die erste eingehende Untersuchung solcher Steilwände, der sog. escarpements, verdanken [2]), haben diesen Umstand zu sehr vernachlässigt, haben sich von der Höhe der Wand auf der Seite der Schichtenköpfe zu sehr imponieren lassen. Der grössere Fortschritt der Abtragung auf dieser Seite ist vielfach nur scheinbar, weil die von unten her wirkende Abtragung mit ihrer grösseren Ausdehnung, aber geringeren Mächtigkeit weniger deutlich ist; wo er wirklich vorhanden, ist er meist, wie im Weald, durch grössere Weichheit des Materials bedingt. In der sächsischen Schweiz werden wir

---

[1]) Durch die Indices werden die Zeitmomente bezeichnet.
[2]) Ramsay, Physical Geology and Geography of Great Britain, 3d ed., London 1872, S. 108 ff. und 210.

die schnellere Abtragung überall auf Seiten der Schichtenneigung bemerken, weil Ungleichheiten des Materials fast ganz fehlen, und weil die Geringfügigkeit der Neigung den Höhenunterschied viel weniger als die Richtung des Wasserabflusses zur Geltung kommen lässt.

Aehnlich also der Brandungswelle greift die atmosphärische Erosion eine Felswand an. Wie jene bei steigendem Meeresspiegel die Klippen immer weiter landeinwärts drängt und an ihrem Fusse einen mit Blöcken und Geröll bestreuten felsigen Strand schafft, so schreitet auch unter dem Einflusse der Verwitterung und des spülenden Regenwassers eine Felswand immer weiter rückwärts, um schliesslich vielleicht ganz zu verschwinden und eine sanft geneigte, mit dünnem Schutt bestreute Gesteinsplatte zurückzulassen.

VIII. Ursprung und Anordnung der Gewässer.

Die Regenschluchten und die weiteren kesselartigen Lücken, die breiteren oder schmaleren Quadergruppen, welche zwischen ihnen stehen geblieben sind, und welche schliesslich zu Pfeilern und einzelnen Blöcken zusammenschrumpfen, stellen alle Oberflächenformen dar, welchen wir in der sächsischen Schweiz überhaupt begegnen. Die Thäler und Schluchten, Felskessel und Rücken sind nichts als Wiederholungen dieser Formen in grösserem Massstabe und entstehen dann, wenn das Wasser nicht mehr in zahllosen kleinen Fäden, sondern zu grösseren Rinnsalen, Bächen und Flüssen vereinigt fliesst, wenn sein Angriff an einzelnen Stellen energischer ansetzen, grössere Breschen in die Felswand schlagen kann. Diese grösseren Formen sind aber nicht bloss wichtiger im Haushalte der Natur, sondern sind auch der Beobachtung leichter zugänglich, und verdienen aus beiden Gründen eine eingehendere Betrachtung.

Wer die sächsische Schweiz im Sommer durchwandert, ist allerdings nicht geneigt, dem fliessenden Wasser eine grosse Rolle bei der Gestaltung der Oberfläche zuzuschreiben, denn namentlich auf der rechten Seite der Elbe findet man nicht nur in steil ansteigenden Schluchten, sondern auch in langgestreckten und gewundenen Thälern, z. B. dem eine Meile langen Grossen Zschand, nicht einen Tropfen Wasser, welcher den Gedanken an eine thalbildende Wirkung desselben erweckte. Aber wenn man diese selben Schluchten und Thäler nach einem starken Regengusse oder zur Zeit der Schneeschmelze besucht, hat sich das Bild verändert, dann stürzen tosende Wassermassen herab, die ganze Weite des Thalbodens einnehmend und Trümmer jeder Art mit fortreissend [1]), dann glaubt man gern, dass das Wasser jene Schluchten

---
[1]) Vgl. Gutbier, Geognostische Skizzen S. 84 f.

bilden konnte, und wird die vermeintliche Wasserlosigkeit nicht mehr als Argument für die Spaltennatur derselben anführen. Die sächsische Schweiz unterscheidet sich also in Bezug auf die Periodizität der Entwässerung von den meisten deutschen Mittelgebirgen und erinnert darin vielmehr an das Mittelmeergebiet oder an manche tropische Gegenden; aber was dort eine Wirkung des Klimas ist, ist hier eine Folge der Lagerung und Beschaffenheit des Gesteines, denn der poröse und von zahlreichen Klüften durchzogene Sandstein lässt für gewöhnlich alles Wasser einsickern, und nur bei stärker geneigter Oberfläche und bei allzu grossem und plötzlichem Andrang fliesst ein grösserer Teil desselben oberflächlich ab. Auch auf den Schichtenfugen tritt im allgemeinen nur wenig Wasser zu Tage, und nur die Plünerschicht lässt reichlichere Quellen hervortreten, worauf der grössere und regelmässigere Wassergehalt der Bäche des linken Elbufers beruht (vgl. S. 291 [47]).

Im allgemeinen, besonders auf dem rechten Elbufer, ist nur unmittelbar an den Rändern der Thäler und Schluchten die Bodenneigung genügend, um den Wasserabfluss zu ermöglichen. Abseits der Thalränder finden sich auch heute noch weite Strecken, auf denen das Wasser gar nicht oder wenigstens nur in ganz geringem Grade abfliesst, auf denen es vielmehr in den Boden einsickert. Wieviel grösser müssen aber diese ganz oder nahezu abflussreichen Gebiete gewesen sein, ehe durch das Einschneiden der von aussen herbeikommenden Flüsse oder auf andere Weise Vertiefungen und damit ein Gefälle geschaffen worden war? Während in einem eigentlichen Gebirge das Wasser auch des entlegensten Winkels infolge der durch den Gebirgsbau gegebenen Bodenneigung von vornherein zum Abfluss gelangt, und die abfliessende Wassermenge bei fortschreitender Erosion im ganzen konstant bleibt, erzeugt in Tafelländern, sofern dieselben nicht von Verwerfungen durchzogen sind und dadurch zu Staffelgebirgen werden, erst die Erosion selbst das zum Abflusse nötige Gefälle, nimmt also die abfliessende Wassermenge beständig zu, bis das ganze Gebiet in den Bereich des Abflusses gezogen ist. Für die grösseren Flüsse, welche schon mit ansehnlicher Wassermenge in das Gebiet der sächsischen Schweiz eintreten, macht diese allmähliche Vermehrung des Wassergehaltes keinen wesentlichen Unterschied, aber für die kleineren Rinnsale ist sie von der grössten Bedeutung. Jede vom Regenwasser angelegte kleinste Schlucht trägt in sich den Keim einer unendlichen Fortbildung, deren Schranken nur in der Berührung mit benachbarten Regenschluchten liegen. In manchen ursprünglich beinahe abflusslosen Gebieten fliessen heute ganz ansehnliche Bäche, welche sich nur bei genauer Untersuchung von den ursprünglich angelegten Bächen unterscheiden lassen. Selbst Gründe, welche heute ihren verhältnismässigen Wasserreichtum Quellen verdanken, können ursprünglich als Regenschluchten entstanden sein.

Wir haben schon bei der Betrachtung der Verwitterung gesehen, wie sich kleine Regenschluchten und kesselartige Erweiterungen derselben in den Felswänden bilden können. Sowohl von ihren hinteren wie von ihren seitlichen Wänden füllt Regen und Sickerwasser in sie hinab, sowohl nach hinten wie nach den Seiten schreitet daher die Zerstörung fort. Aber wie kleine Unregelmässigkeiten den Anlass zur

Sammlung grösserer Wasserfäden und damit zur ersten Anlage von Regenschluchten geben, so machen sich auch bei der Fortbildung derselben kleine Unregelmässigkeiten geltend, so dass die Erweiterung nicht an allen Punkten gleichmässig geschieht, sondern von der Hauptschlucht sich Seitenschluchten abzweigen, von denen sich gleichfalls wieder Schluchten seitwärts erstrecken u. s. w.; die trennenden Quadern werden hierbei vielfach abgetragen, so dass unregelmässig ausgebildete Kessel entstehen. Kleine Unregelmässigkeiten sind auch schuld, dass eine Stelle der Wand etwas mehr Wasser empfängt als die andere oder der Zerstörung etwas geringeren Widerstand leistet, so dass dieselbe an dieser Stelle schneller fortschreitet als rechts und links daneben, dass ein Schluchtsystem die benachbarten überholen und schliesslich ganz verdrängen kann. Das Auftreten lauter kleiner Entwässerungs- und Schluchtsysteme neben einander weist immer darauf hin, dass die Entwässerung erst seit kurzem eingesetzt oder aus irgend einem Grunde geringe Fortschritte gemacht hat; eine weitere Entwickelung ist immer mit der Ausbildung grösserer Systeme verbunden.

Ist die ursprüngliche Oberfläche der Tafel ganz horizontal, war also ursprünglich gar kein Abfluss vorhanden, so geht die Ausbildung der Schluchtsysteme nach hinten und nach den Seiten ganz gleichmässig vor sich, so wird ihre Begrenzung die Form eines Halbkreises besitzen, solange keine Berührung und kein Kampf mit benachbarten Schluchtsystemen stattfindet. Diese Berührung wird im allgemeinen zuerst auf beiden Seiten eintreten, und deshalb wird auch das System hier zuerst eine Einengung erleiden. Aber diese Einengung durch Berührung ist immer mit einer Durchbrechung der trennenden Felswände verbunden; wo wir also länglich gestreckte Schluchtsysteme oder Kessel finden, deren Wände noch unversehrt sind, beruht die längliche Gestalt nicht auf einer solchen Konkurrenz, sondern auf einer Neigung der Oberfläche und der Anwesenheit eines ursprünglichen Abflusses. Je grösser die Neigung und der ursprüngliche Abfluss sind, um so länglicher wird auch das Entwässerungssystem gestreckt sein, so dass ein ganz allmählicher Uebergang zu der gewöhnlichen Anordnung der Wasseradern (vgl. Richthofen Führer S. 136 ff.) besteht. Mit dieser länglichen Streckung ist natürlich eine Bevorzugung der mittelsten Ader in Bezug auf den Wasserreichtum verbunden; je weiter abwärts, um so mehr tritt sie den seitlich zufliessenden Gewässern als starker Bach entgegen. Dazu kommt noch, dass weiter abwärts ein grosser Teil des Abflusses überhaupt nicht zum Bach, sondern direkt zum Rande der Tafel gerichtet ist, so dass das Bachsystem, von der Mündung aus gesehen, einem Baume gleicht, der zuerst nur einzelne kleine Zweige aussendet, dann sich aber in mehrere Aeste teilt, die sich gleichfalls wieder verzweigen. Auch den in horizontaler Oberfläche entstandenen halbkreisförmigen Entwässerungssystemen kann sich nach unten ein Bach angliedern, wenn die Bildung der ersten Schlucht und damit die Einleitung der Entwässerung nicht an den Gehängen eines Thales, sondern an einer abseits von einem Flusse etwa durch Verwerfung entstandenen Wand erfolgte, oder wenn die Seitenarme aus irgend einem Grunde erloschen und nur der Mittelarm noch vorhanden ist.

Die Elbe und die grösseren Bäche des rechten Elbufers, welche im krystallinischen Nachbargebiete entspringen, zeigen in der sächsischen Schweiz nur die Stammstrecke, die kleineren Rinnsale dagegen und auf dem linken Elbufer auch einige grössere Bäche haben auch ihr, einer Baumkrone zu vergleichendes, Quellgebiet innerhalb der sächsischen Schweiz, und bei ihnen ist umgekehrt der Stamm teilweise nur schwach entwickelt. Länglich gestreckte Sammelbecken grösseren Umfanges, die nach abwärts in einen grösseren Bach übergehen, lassen sich besonders an der Biela, dem Cunnersdorfer Bach und dem Krippenbach oder auch am Grossen Zschand beobachten. Der westöstlich verlaufende Leupoldishainer Bach zeigt uns am besten den Gegensatz der langen, mit der Oberflächenneigung von Süden kommenden, und der kurzen, der Schichtenneigung entgegen von Norden kommenden, Arme. Die Entwässerungssysteme in Gebieten, deren Abfluss ursprünglich sehr gering war, lassen sich am besten in den Felsrevieren östlich von Schandau studieren; besonders schön ist das radiale Zusammenströmen der Wasseradern im Felsenkessel am oberen Ende des Kleinen Zschand zu erkennen, während dicht daneben die Lorenzlöcher viel länglicher gestreckt sind.

In horizontalen Tafeln, wo also keine ursprüngliche Entwässerungsrichtung von Einfluss ist, werden sich die Regenschluchten in der Richtung, in welcher sie den geringsten Widerstand finden, also im allgemeinen einer Kluftrichtung folgend, fortpflanzen. Die kleineren Schluchten haben bloss eine Quaderreihe verdrängt, grössere Schluchten sind an die Stelle mehrerer Quaderreihen getreten; nur dadurch wird die Geradlinigkeit derselben etwas gestört, dass bald hier, bald dort einmal ein einzelner Felsblock stehen geblieben ist. Die Nebenschluchten pflegen der anderen Kluftrichtung zu folgen und stehen daher meist mehr oder weniger senkrecht auf der Hauptschlucht, wie man am Pfaffenstein oder in grösserem Massstabe am Zscherregrund bei Wehlen und seinen Nebengründen beobachten kann. Nur wo eine sekundäre Kluftrichtung stark ausgebildet ist (vgl. S. 288 [44]), finden sich schiefe Winkel. In dieser Beziehung ist der Lattengrund östlich von Schandau charakteristisch, von dem sämtliche Seitenschluchten unter einem schiefen Winkel abgehen, und der sich an seinem oberen Ende in zwei derartig schief abgehende, aber untereinander rechtwinkelige, Schluchten teilt, während die Hauptschlucht sich in einer engen Kluft fortsetzt.

Ist dagegen ein ursprünglicher Abfluss vorhanden, so gelangen die Kluftrichtungen nicht zu so unbedingter Herrschaft, weil das auf der Oberfläche abfliessende Wasser der Neigung derselben folgt, die keineswegs immer mit einer Absonderungsrichtung zusammenfällt. Diese Bäche verhalten sich zu den Kluftrichtungen ähnlich, wie sich epigenetische Thäler, d. h. Thäler, die in überlagerndem Gestein angelegt worden sind, zu den Streichrichtungen des Grundgebirges verhalten (vgl. Richthofen Führer S. 173 f.). Sobald der Bach den Verwitterungssand durchschnitten hat, zerlegt er seinen schräg gegen die Kluftrichtungen gerichteten Lauf in zwei mit denselben zusammenfallende Komponenten, d. h. er folgt denselben in rechtwinkeligen Zickzacklinien und erreicht so auf Umwegen, aber doch bequemer, sein Ziel. Sobald er sein Bett etwas eingetieft hat, beginnen die Verwitterung und Regenerosion ihre Thätigkeit, erweitern das Thal und häufen Felsblöcke und Sand am Boden desselben an. Der Bach schneidet in diesen Schutt von neuem ein und setzt sanfte Windungen an Stelle der rechteckigen Krümmungen oder ist nun wieder imstande, durch geradlinigen Lauf dieselben zu vermeiden und so Thalwände zu erzeugen, welche der Südseite des Königsteins (vgl. S. 126 [54]) gleichen. Auch hier wird die regelmässige Einfachheit gestört, wenn sich mehr als zwei Kluftsysteme dem Bache zur Benutzung anbieten und ihn die rechtwinkeligen Krümmungen vermeiden lassen.

Vielfach sind die Windungen nicht erst beim Einschneiden durch den Einfluss der Absonderungsrichtungen entstanden, sondern schon beim Laufe auf den Sandsteinplatten vorhanden gewesen. Wo immer ein Bach oder Fluss auf einer sanft geneigten Ebene fliesst, mag dieselbe nun die ursprüngliche Oberfläche des Gesteines darstellen oder später durch irgend einen Vorgang der Abtragung entstanden sein, wird er bei dem geringen Gefälle durch das kleinste Hindernis abgelenkt und zu Krümmungen veranlasst werden, die viel bedeutender sein können als die durch die Absonderungsklüfte veranlassten Krümmungen. Beim Einschneiden bleiben diese Krümmungen erhalten, ja werden meist noch verstärkt, weil die Flüsse auf der äusseren Seite der Krümmungen einen Stoss ausüben und Material losreissen, während sie auf der inneren Seite besonders langsam fliessen und Material ablagern. Zugleich mit dem Einschneiden in die Tiefe findet also ein Einschneiden nach der äusseren Seite statt, wodurch ein schräges Hinabgleiten bedingt ist[1]). Der obere Teil der Felswand auf der konkaven Thalseite stürzt natürlich nach, so dass hier eine senkrechte Wand entsteht, während wir auf der inneren konvexen Seite einen allmählich sich abdachenden Sporn finden, der mitunter von Flussgeröllen bedeckt ist. Im Elbthal begegnen wir solchen mit der Zeit immer mehr ausgezogenen Krümmungen bei Königstein, Rathen und Zeichen, aber die Sporne fallen ziemlich steil zur Elbe ab, ein Beweis, in wie hohem Grade hier die Tiefenerosion über die seitliche Erosion überwog. Auch in den meisten Seitenthälern können wir solche Thalsporne wahrnehmen, z. B. in ausgezeichneter Weise im Kirnitzschthal bei Hinter-Daubitz; auch tote Flussarme, welche infolge der immer weiter gehenden Ausziehung der Krümmungen und schliesslichen Wiedervereinigung der Flussarme entstehen, kommen z. B. bei der Grundmühle im Kamnitzthale westlich von Dittersbach i. B. vor, aber im ganzen sind doch die Krümmungen nicht so häufig und stark wie im Schiefergebirge.

Geradlinigkeit der Wasserläufe und Schluchten weist also im allgemeinen darauf hin, dass dieselben als Regenschluchten in ganz oder nahezu abflusslosem Gebiete entstanden sind, während Krümmungen, an denen auch die oberen Thalränder teilnehmen, die Präexistenz eines Baches andeuten; kleinere ursprünglich vorhandene Rinnsale werden eine Mittelstellung einnehmen. Unter Umständen können wir allerdings in Gebieten, welche ursprünglich keinen Abfluss hatten, heute

---

[1]) Vgl. z. B. Ramsay, Physical Geology etc. 3d ed. S. 243.

doch gewundene Thalläufe finden, wenn nämlich die Erosion durch Ruheperioden unterbrochen war, in welchen das in geradliniger Schlucht herabkommende Wasser nur nach der Seite arbeitete und infolge des geringen Gefälles vielfach abgelenkt wurde, so dass es beim Beginn einer neuen Erosionsperiode ein gewundener Bach geworden war. Die allerkleinsten Schluchten, welche zugleich die allergeradesten sind, entziehen sich leider der Messung auf der Karte, aber auch bei Gründen von mehr als einem Kilometer Länge, wie dem Schiessgrund, Zahnsgrund, Zscherregrund und Rietzschgrund, beträgt der Ueberschuss der wirklichen Länge, wobei von den kleinen, nur an der Thalsohle vorhandenen, Windungen abgesehen ist, über den geraden Abstand des oberen und unteren Endes nur zwischen 2 und 5 %, beim Amselgrund beträgt dieser Ueberschuss dagegen 17 1/2 %, beim Uttewaldergrund 22 1/2 %, bei der Polenz 28 % und bei den einzelnen zwischen Hauptkrümmungen gelegenen Strecken der Kirnitzsch zwischen 9 und 39 %. Beim Grossen und Kleinen Zschand schwankt der Ueberschuss nur zwischen 3 und 12 %, weil dieselben einen Uebergang von den Schluchten zu den eigentlichen Thälern bilden, und bei der Biela begegnen wir so auffälligen Gegensätzen wie 1 und 58 %, weil die einzelnen Laufstrecken ganz verschiedener Entstehung sind.

Der Ansicht, dass die Thäler Bildungen des fliessenden Wassers seien, steht bekanntlich eine andere Ansicht gegenüber, welche lange die herrschende war und auch heute noch von einigen Gelehrten vertreten wird, nämlich die Ansicht, dass die Thalspalten durch Vorgänge des Erdinnern zusammen mit den Gebirgen selbst gebildet und von dem Wasser nur benutzt und schwach abgeändert worden seien, oder dass die Spalten wenigstens dem Wasser den Weg gewiesen hätten. Kjerulf hat diese Theorie neuerdings wieder für Norwegen zur Erklärung des auffälligen Parallelismus der dortigen Thäler angewandt [1]. Daubrée hat sie im Anschluss an seine schönen Untersuchungen über die Entstehung der Ablösungsflächen (vgl. S. 289 [45] f.) für einige Gegenden von Frankreich durchgeführt [2]. Auch die sächsische Schweiz ist ein von regelmässigen Kluftsystemen durchzogenes Tafelland, und diese sollten danach hier denselben Einfluss gehabt haben. Aber thatsächlich folgen nur die kleineren Schluchten den Ablösungsflächen, während dieselben auf die Richtung der grösseren Thäler nur einen sekundären Einfluss ausüben. Weder die Thäler noch die Schluchten sind ursprünglich klaffende Lücken, beide sind erst nachträglich durch das fliessende Wasser gebildet worden, aber je kleiner die Wassermenge und je weniger dieselbe von vornherein vorhanden war, um so mehr fügte sie sich in ihrem Laufe den durch die Absonderung angedeuteten Linien. Wenn stellenweise auch die Gesamtrichtung der grösseren Thäler mit den Kluftrichtungen übereinstimmt, wie der Elblauf zwischen Zeichen und Pirna, das Kirnitzschthal zwischen Hinter-Daubitz und dem Schwarzen

---

[1] Kjerulf, Zeitschr. d. Ges. f. Erdkde. zu Berlin 1879, S. 124 ff. und Geologie des südlichen und mittleren Norwegen S. 328 ff. See- und Thalbildung, Mitteil. d. Vereins f. Erdkde. in Halle, 1881. Vgl. dagegen Helland, Ausland 1882 S. 140 ff., S. 328 u. s. w.
[2] Daubrée, Synthetische Studien zur Experimentalgeologie S. 230 ff.

Thor u. s. w., so darf man daraus, wie schon die zahlreichen Abweichungen im einzelnen beweisen, nicht auf eine Abhängigkeit des Thallaufes von den Kluftrichtungen, sondern auf eine gemeinsame Abhängigkeit beider von der Neigung der Schichten und der ursprünglichen Oberfläche schliessen.

Das Flusssystem der sächsischen Schweiz ist im allgemeinen durch die Dislokationen der Oligocänzeit bestimmt. Der Hauptfluss ist die Elbe, welche von ihrem Eintritt in die sächsische Schweiz bei Tetschen bis Herrnskretschen nach N, von da bis zu ihrem Austritt aus der sächsischen Schweiz bei Pirna und weiter bis Meissen nach WNW bis NW fliesst. Die übrigen Flüsse und Bäche der sächsischen Schweiz fliessen sämtlich der Elbe und zwar ziemlich geraden Weges zu, so dass die sächsische Schweiz ein hydrographisch centralisiertes Gebiet bildet. Nationalökonomisch kommt diese Centralisation bei der Kleinheit und schlechten Zugänglichkeit der meisten dieser Gewässer fast nur für die Flösserei zur Geltung, aber morphologisch ist sie von grosser Bedeutung, weil alle Bildungen, welche durch die Flussthätigkeit bedingt sind, einen einheitlichen Charakter tragen müssen.

Die linken Nebenflüsse stammen teils aus dem Quadersandsteingebiete, teils aus dem Erzgebirge, auf welchem der Sandstein einst ja viel weiter hinaufreichte. Der Kamm des Erzgebirges bildet eine ausgezeichnete Wasserscheide zwischen dem eingebrochenen Becken unmittelbar an seinem Südfusse auf der einen, dem nördlichen Flachlande auf der anderen Seite. Während die Flüsse dort in östlicher Richtung dem Kamme parallel verlaufen, fliessen sie hier quer auf denselben in nördlicher Richtung ab. Je weiter wir nach E vorschreiten, um so kleiner werden diese nördlichen Abflüsse, weil sich die Wasserscheide der Elbe immer mehr nähert. Auf der neuen sächsischen Generalstabskarte hat es zwar den Anschein, als ob die Wasserscheide hier nicht mehr mit dem Kamme zusammenfiele; der südlich zur Eulau fliessende Füllenbach scheint nämlich auf den Nordabhang des Schneeberges überzugreifen, aber es hat hier eine künstliche Ableitung des Wassers stattgefunden, durch welche man sich nicht täuschen lassen darf. Nur einige kleine Bäche fliessen der Elbe in östlicher Richtung zu; im übrigen bleibt die Scheide zwischen nördlicher und südlicher Abflussrichtung bis an den grossen Durchbruch der Elbe bestehen. Auch jenseits derselben gewinnt sie für kleinere Bäche wieder Bedeutung; nördlich einer von Binsdorf zum Rosenberg verlaufenden Linie fliessen die Gewässer nach NW, während südlich davon der Bach von Neu-Ohlisch der Flexur parallel nach E fliesst. Der Kamnitzfluss durchbricht die Flexur von neuem, und jenseits desselben sind zahlreiche Basalt- und Phonolithkegel dem Flexurkamme aufgesetzt, bis wir in der Nähe von Kreibitz die sudetische Dislokation erreichen. Die Kamnitz hat ihren Ursprung nördlich von Hayda auf der Höhenlinie des vulkanischen Mittelgebirges, welches sich hier vollständig auf das Quadersandsteingebirge darauflegt (vgl. S. 276 [32]), so dass wir uns nicht wundern dürfen, in ihm eine wichtigere Wasserscheide als in der hier stark verflachten Flexur zu erblicken. Aber auch diese Wasserscheide ist keine scharfe, denn ausser der Elbe durchbricht sie auch der vom

Jeschkengebirge her gespeiste Polzenbach, der bei Tetschen in die Elbe mündet. Das Jeschkengebirge ist wieder eine ausgezeichnete Wasserscheide, denn die Scheide zwischen südwestlicher und nordöstlicher Abflussrichtung oder die Scheide zwischen Elbe und Oder, welche bis dahin auf dem Riesen- und Isergebirge lag, springt etwas östlich von Reichenberg auf das Jeschkengebirge über. Diese Wasserscheide zieht sich von hier in nordwestlicher Richtung über die Lausche und den Wolfsberg bis jenseits Bischofswerda fort. Bis zum Wolfsberg verläuft sie unmittelbar nördlich von der Verwerfungslinie, an welcher sich der Lausitzer Horst über das Elbsandsteingebirge erhoben hat, vom Wolfsberg an entfernt sie sich von derselben, da sie eine etwas nördlichere Richtung annimmt, während die Dislokation eine ihrer westlichen Ausbiegungen macht. Die Wasserscheide scheint die alte Kammlinie des Horstes zu bezeichnen, welche infolge der völligen Denudation des Quadersandsteins heute an sich nicht mehr zu erkennen ist. Die Flüsse nördlich der Wasserscheide gehören im östlichen Teile der Görlitzer Neisse, also der Oder, im westlichen der Spree und Schwarzen Elster, also der Elbe, an. Sie fliessen im allgemeinen nicht senkrecht zur Wasserscheide, d. h. nach NE, sondern gerade nach N ab, stimmen also in dieser Beziehung mit den Flüssen des Erzgebirges überein. Nur westlich einer von Pillnitz nach Elstra verlaufenden Linie fliessen die Flüsse in der Streichrichtung der Falten und Verwerfungen nach NW ab, wahrscheinlich weil sich der Horst hier verflacht (vgl. S. 272 [28] f.) und dadurch seine wasserscheidende Bedeutung verliert. Im ganzen sind die Thäler der Lausitz wahrscheinlich epigenetischer Natur, d. h. sie wurden in der ehemaligen Sandsteindecke angelegt und schnitten erst später in das krystallinische Grundgebirge ein, in welchem sie nur noch örtliche Abänderungen erlitten.

Die Flüsse südlich der Wasserscheide sind alle zur Elbe gerichtet, zeigen aber im einzelnen ziemlich bedeutende Unterschiede. Der Kreibitzfluss, welcher das Quadersandsteingebiet bei der gleichnamigen Stadt betritt, fliesst senkrecht zu der hier nordsüdlich gerichteten Granitgrenze, also in westlicher Richtung, zu der von S kommenden Kamnitz hin. Die Kirnitzsch besitzt dieselbe Richtung, fliesst aber, da ihr Eintritt mit einer Krümmung der Granitgrenze zusammenfällt, grossenteils unmittelbar an der Granitgrenze entlang und tritt sogar an zwei Stellen in den Granit über. Der schwache Einfall der Sandsteinbänke ist dort vom Granit ab, hier, wie die Richtung der kleineren Gewässer zeigt, gegen den Granit hin gerichtet, so dass wir das Kreibitzthal als ein Querthal, das Kirnitzschthal als ein Längsbruchthal aufzufassen haben [1]). Ist die Gesamtrichtung bei der Kirnitzsch eine westliche, so ist sie bei der Sebnitz eine südwestliche und bei der Polenz eine südliche; durch diese Verschiedenheit der Richtungen erklärt es sich, dass die drei Flüsse trotz des weiten Abstandes ihrer Quellen doch nahezu an demselben Punkte in die Elbe münden. Das unterste, im Quadersandstein gelegene, Stück der Sebnitz bis zu ihrer Vereinigung mit der Polenz

---

[1]) Vgl. v. Richthofen, Führer S. 641 ff.

und das daran anschliessende Stück der Polenz aufwärts bis Hohnstein, laufen einer südöstlich gerichteten Strecke der Granitgrenze parallel, sind also möglicherweise auch als Längsbruchthäler aufzufassen. Von Hohnstein an fehlen diese sekundären Längsthäler; der Amselbach und der Uttewalderbach, welche beide ganz am Rande des Granites entspringen, fliessen, jedenfalls einer schwachen südlichen Neigung der Sandsteinbänke entsprechend, direkt der Elbe zu. Auch die Wesenitz bildet von Dittersbach i. S. bis Lohmen ein Querthal, fliesst von Lohmen bis Liebethal dem Schichtenstreichen parallel und dann wieder senkrecht auf dasselbe der Elbe zu.

Auch der Lauf der Elbe von Herrnskretschen bis Pirna und abwärts bis Meissen zeigt, wenn wir von den einzelnen Krümmungen absehen, deutliche Beziehungen zu der Lagerung der Sandsteinschichten und zur mittleren Richtung der Granitgrenze. Er bezeichnet die Linie, an welcher der etwa unter $1\frac{1}{2}-2°$ nach N oder NE gerichtete Einfall der Schichten in eine viel schwächere Neigung, horizontale Lage oder sogar einen schwachen entgegengesetzt gerichteten Einfall übergeht. Der Elblauf entspricht also der Tiefenlinie der Mulde oder des Grabens, welcher zwischen Lausitz und Erzgebirge oder Elbthalgebirge eingesenkt ist (vgl. S. 280 [36] f.); erst in der Gegend von Meissen, wo sich die Dislokationen auskeilen, verlässt der Fluss seine nordwestliche Richtung und biegt nach N um. Von Herrnskretschen aufwärts spielt das Kamnitzthal wenigstens bis Hohenleipa dieselbe Rolle, während das obere Elbthal und auch das obere Kamnitzthal zu den von S kommenden Nebenthälern gehören.

Die südlichen Nebenthäler der Elbe kommen im allgemeinen vom Kamme des Erzgebirges herab und besitzen einen ziemlich rein nördlichen Lauf. Nur nach der Elbe hin, beim Eintritt in das sudetisch streichende Elbthalgebirge, geht diese nördliche Richtung verloren; die Triebisch, die Rote und die Wilde Weisseritz und die Müglitz sind in ihrem oberen Teile erst nach N, dann nach NW gerichtet, um schliesslich in einem scharfen Knie nach NE umzubiegen; welchen Einfluss die Dippoldiswaldaer Verwerfung dabei ausübt (vgl. S. 260 [16]), wird sich erst bei einer speziellen Untersuchung erkennen lassen. Weiter südöstlich, im unzerstörten Sandsteingebiete, ist nichts mehr von jener Umbiegung der Flüsse zu bemerken; die Gottleuba, Biela, der Cunnersdorfer und der Krippenbach sind im ganzen wieder nach N gerichtet. Die wichtigsten Ausnahmen von dieser nördlichen Richtung bilden die grosse Krümmung der Gottleuba unterhalb Berggiesshübel und die nach WNW, also der Streichrichtung parallel gerichtete Thalstrecke des Cunnersdorfer Baches zwischen Cunnersdorf und der Mündung in die Biela. Die Flussläufe scheinen hier in früheren geologischen Perioden zum Teil andere gewesen zu sein (s. Kapitel X); doch liegen die Verhältnisse noch nicht genügend klar, um über die Ursachen derselben zu spekulieren.

Unser Interesse konzentriert sich auf die Elbe, denn die Elbe ist nicht nur in verkehrsgeographischem und kulturhistorischem, sondern auch in morphologischem Sinne die Hauptlebensader der sächsischen Schweiz. Vor ihrem Eintritte in dieselbe hat sie die Gewässer von ganz Böhmen in sich aufgenommen, ist also bereits ein Fluss von ganz anständiger Grösse. Der namengebende Quellfluss ist vom Riesengebirge bis Pardubitz nach S geflossen, hat sich dann aber nach NW gewandt und diese Richtung bis Lobositz beibehalten. Kurz vorher, bei Melnik, hat er sich mit der ebenso bedeutenden, wenn nicht bedeutenderen Moldau vereinigt, welche, von der obersten Laufstrecke und den kleineren Krümmungen abgesehen, eine rein nördliche Richtung besitzt und diese nun, bei ihrer Vereinigung mit der Elbe, für eine kurze Zeit aufgeben muss. Aber schon bei Lobositz wendet sich der vereinigte Fluss wieder nach N und behält diese nördliche Richtung zunächst bis Aussig bei. Er durchbricht auf dieser Strecke in engem Felsenthale das vulkanische Mittelgebirge, während der Oberlauf der Elbe sowohl wie der Moldau in viel flacherem Lande gelegen war. Bei Aussig wendet er sich wieder eine kurze Strecke nach E, um dann von neuem nördliche Richtung einzuschlagen. Bis Tetschen-Bodenbach werden seine Ufer von Basalt- und Phonolithbergen begleitet, bei den genannten Orten tritt er in das Quadersandsteingebiet ein, in welchem er die besprochene Umbiegung nach NW vollzieht. Die Elbe fliesst hier in einem engen Felsenthale, erst bei Pirna tritt sie in den weiteren Dresdener Thalkessel ein. Von Meissen an bildet sie noch einmal ein Felsenthal, um erst oberhalb Riesa die norddeutsche Tiefebene zu erreichen.

Es ist natürlich, dass ein so auffälliger und für die Hydrographie Deutschlands so wichtiger Flussdurchbruch in so viel besuchter Gegend, wie der der Elbe durch das böhmische Mittelgebirge und die sächsische Schweiz, die Aufmerksamkeit der Geographen und Geologen früh auf sich gelenkt hat. Schon Friedrich Hoffmann [1]) hat denselben ausdrücklich betont, um die Unabhängigkeit der Wasserscheiden von den Gebirgsketten zu erweisen. Er nahm an, dass die Elbe in Böhmen einen See gebildet habe, bis sie an der niedrigsten Stelle des Erzgebirges einen Ausgang fand. Diese Auffassung blieb die herrschende; das in die horizontalen oder sanft geneigten, auf beiden Thalseiten einander vollkommen entsprechenden, Sandsteinbänke eingeschnittene Elbthal galt als von der Elbe selbst gebildet, die ehemals auf der Höhe der Platte geflossen und bei Pirna in einem Wasserfall herabgestürzt sei, und die diesen Wasserfall ähnlich wie der Niagara allmählich weiter rückwärts verlegt habe, bis sie den böhmischen See erreicht und abgezapft hätte. Gutbier [2]), Cotta [3]), Hermann Credner [4]) u. a. haben dieser Auffassung Ausdruck verliehen. Freilich dachte man sich häufig bloss den Einschnitt unterhalb der Ebenheit als ein Erosionsprodukt, während man über diesem Niveau das Vorhandensein eines Meeresarmes annahm, den man sich entweder noch aus der Kreidezeit stammend oder auch erst in der Diluvialzeit entstanden dachte.

---

[1]) Vorlesungen über physikalische Geographie 1837, S. 557 u. 587.
[2]) Geognostische Skizzen S. 74 ff.
[3]) Cotta, Der innere Bau der Gebirge 1852. S. 52. Geologische Bilder 4. Aufl. S. 76.
[4]) H. Credner, Das Leben in der toten Natur. Zeitschr. f. d. ges. Naturw. 37 (1871), S. 101 ff.

Peschel[1]) zog auch die Entstehung jenes Einschnittes durch Erosion in Zweifel. Er machte darauf aufmerksam, dass Spuren eines grossen böhmischen Süsswassersees, dessen Spiegel in 1200′ hätte liegen müssen, nicht nachgewiesen worden wären, und schloss daraus, dass die „Spalte durch das Erzgebirge, welche die Elbe heutigen Tages benutzt, um nach den nordischen Tiefebenen hinauszuschlüpfen, bereits vorhanden war, ehe sie sich der Nordsee zuwenden konnte." Auch im Mittelgebirge müsste sie einen Spalt vorgefunden haben, der unter 600′ absolute Erhebung herabreichte, denn sonst würde sie sicher in westlicher Richtung einen Umweg um dieses halbinselartige Gebirge herum gemacht haben, statt es an einer besonders hohen Stelle zu durchbrechen.

Den ersten Versuch, die Schwierigkeiten, an denen Peschel Anstoss nahm, zu umgehen, ohne sich der Spaltentheorie in die Arme zu werfen, hat Rudolf Credner unternommen[2]). Er weist darauf hin, dass die Bildung des Elbthales in die Tertiärzeit zurückreiche, in welcher das Erzgebirge, wie die Aufrichtung der Tertiärschichten am Südfusse beweise, noch wesentlich niedriger war. Ein böhmischer See brauchte damals also nur wenig anzuschwellen, um nach Norden überzufliessen; dass aber ein solcher See bestanden habe, gehe aus den Tertiärablagerungen hervor. Es ist fraglich, ob die älteren aufgerichteten Tertiärschichten wirklich Seeablagerungen sind; aus dem kurzen Referat, in welchem der Credner'sche Vortrag nur vorliegt, lässt sich nicht ersehen, wie sich seiner Meinung nach die Verhältnisse nach der Hebung des Erzgebirges gestalteten, die gebotene Lösung ist also nicht genügend, aber sie ist insofern bedeutsam, als sie gegenüber der blossen Betrachtung der Gegenwart auf die Entstehungsgeschichte der Gebirge hinweist.

Einen anderen Lösungsversuch hatte Peschel selbst bereits angedeutet. „Will man sich," sagt er[3]), „an den Gedanken klammern, dass die hydrographischen Engpässe in quervortretenden Gebirgen durch die Gewässer, welche wir heute dort fliessen sehen, ausgetieft worden seien, so muss man sich zu der Annahme entschliessen, dass die Flüsse älter seien als die Gebirge, welche sie durchbrechen; findet nämlich das Aufsteigen des Gebirges so langsam statt, dass die Erosion des Flusses damit Schritt halten kann, so wird ein Strom sein altes Bett behaupten können, während an seinen beiden Ufern die Wände eines Landrückens oder eines Gebirges aufwachsen." Peschel weist diese Annahme als unwahrscheinlich von der Hand, aber wenige Jahre später sprach der hervorragende Erforscher des Coloradoflusses, Powell[4]), dieselbe Ansicht mit voller Bestimmtheit aus, und bald darauf und unabhängig von ihm wurden auch Medlicott in Indien und der Wiener Geologe Tietze zu derselben Meinung geführt. Tietze nimmt auch auf die Elbe ausdrücklichen Bezug[5]); dieselbe durchbreche nicht den alten

---

[1]) Neue Probleme. 2. Aufl., S. 157 f.
[2]) Zeitschr. f. d. ges. Naturw. Bd. 49 (1877), S. 165 ff.
[3]) Neue Probleme. 2. Aufl., S. 158; auch schon im Ausland 1866, Nr. 46.
[4]) Exploration of the Colorado River. Washington 1875, S. 152 f.
[5]) Jahrbuch der k. k. geol. Reichsanstalt 1878, S. 597.

krystallinischen Wall des Erzgebirges, sondern folge der ehemaligen, heute freilich ausgefüllten Terraindepression, durch welche die Verbindung des böhmischen Kreidemeeres mit dem sächsischen und norddeutschen Kreidemeere vermittelt wurde, während ihre Quellen in altem Festlandsgebiete lägen; als die süchsische Schweiz gehoben wurde, habe das Einschneiden des Flusses mit der Hebung gleichen Schritt gehalten.

Eine ganz andere Lösung des Problems hat Löwl vorgeschlagen [1]), weil er das Durchnagen einer Falte oder einer Verwerfung während deren Bildung für unmöglich hält. Seiner Meinung nach besass die sächsische Schweiz ursprünglich ein selbständiges, im S abgeschlossenes Flusssystem, in welchem die Kamnitz-Elbe der Hauptfluss war. Infolge des Schwindens und allmählichen Ablaufens der norddeutschen Tertiärwässer schnitt dieser die heutige tiefe Rinne ein und veranlasste auch den vom Südrande des Quadergebirges bei Tetschen herabrinnenden Bach, sich tiefer einzugraben und „eine Bresche in den Wall des nordböhmischen Tertiärbeckens zu legen". Das Seebecken, „welches über die Senke zwischen dem Lausitzer- und Isergebirge hinweg mit der tertiären Wasserbedeckung Norddeutschlands in Verbindung stand, begann abzufliessen. Ein reissender Strom arbeitete an dem Durchstich der Sandsteinschwelle von Tetschen und an der Vollendung des heutigen Elbthals".

Tietze und Löwl haben sich über die theoretischen Grundlagen ihrer Erklärungsprinzipien, d. h. des Prinzips der gleichzeitigen und des Prinzips der rückwärts einschneidenden Erosion, ausführlich auseinandergesetzt, und auch andere Forscher haben in diesen Streit eingegriffen. In zusammenfassender Weise hat neuerdings Philippson diese und alle auf Wasserscheiden bezüglichen Fragen behandelt [2]), so dass wir von einer neuen allgemeinen Erörterung des Problems absehen können. Sowohl die gleichzeitige wie die rückwärts einschneidende Erosion sind imstande, Flussdurchbrüche zu erzeugen; nur eine eingehende Prüfung der thatsächlichen Verhältnisse kann uns darüber belehren, ob die Entstehung des Elbdurchbruches auf eine dieser beiden oder auf irgend eine andere Ursache zurückzuführen ist.

Man wird leicht bemerken, dass bei diesen Theorien über die Entstehung des Elbthals die tektonischen Verhältnisse gewöhnlich nicht ganz richtig aufgefasst worden sind; man hat die älteren und neueren Dislokationen nicht genügend geschieden, hat die Altersbeziehungen zwischen den Dislokationen und den Tertiärablagerungen nicht scharf ins Auge gefasst, hat aus der heutigen Verbreitung der Kreidebildungen falsche Schlüsse auf die Gestalt des Kreidemeeres gezogen. Grosse Teile Sachsens und Böhmens scheinen von einem ziemlich offenen Kreidemeere bedeckt gewesen zu sein, aus dem nur einzelne Inseln hervorragten. Beim Rückzuge des Kreidemeeres blieb wahrscheinlich ein ausgedehntes Flachland zurück, dessen Flüsse dem rückziehenden

---

[1]) Löwl, Ueber Thalbildung. Prag 1884, S. 50 ff.
[2]) Studien über Wasserscheiden. Mitteil. des Vereins f. Erdkde. zu Leipzig 1885, bes. S. 279 f., S. 290 f., S. 298.

Meere nachflossen. Die Verteilung der Kreidebildungen, die nördliche Richtung der erzgebirgischen und sächsisch-schlesischen Flüsse (während sich aus dem Gebirgsbau NNW bezw. NE-Richtung ergeben würde), der gleiche Verlauf der altoligocänen Flussablagerungen machen es wahrscheinlich, dass das Kreidemeer sich nach N zurückzog und die Flüsse der älteren Tertiärzeit eine nördliche Richtung hatten. Die Verteilung der Gewässer wurde vollkommen verändert durch die Dislokationen, welche sich im Laufe der Tertiärzeit, wahrscheinlich grossenteils in der Oligocänzeit, einstellten und die auf der einen Seite die Sudeten, auf der zweiten den Böhmerwald, auf der dritten das Erzgebirge und das vulkanische Mittelgebirge schufen. Erst seit jener Zeit ist Böhmen ein von Gebirgen eingeschlossener Kessel; damals erst wurden Elbe, Iser u. s. w. nach SW abgelenkt. In Bezug auf den Nordwestrand, d. h. das Erzgebirge, ist es fraglich, ob sich derselbe über das zentrale Böhmen oder nur über das unmittelbar angrenzende nordwestliche Böhmen erhob, denn an der Eger läuft dem erzgebirgischen Bruche ein zweiter Bruch parallel, welcher denselben jedenfalls zum Teil kompensiert (vgl. S. 281 [37]). Der Graben, welcher zwischen beiden Brüchen entstand, wurde durch vulkanische Ausbruchsmassen ausgefüllt, die sich im Osten höher als das eigentliche Randgebirge erheben und daher die Wasserscheide bilden.

Durch dies vulkanische Mittelgebirge und den östlichen Teil der erzgebirgischen Flexur hindurch finden heute die Gewässer von ganz Böhmen ihren Abfluss. Die Hauptfrage ist, ob sich dieser Abfluss sofort mit den Dislokationen einstellte bezw. aus älterer Zeit erhielt, oder ob er ein Resultat späterer Ereignisse ist. Im ersteren Falle kann der Abfluss durch eine klaffende Spalte gegeben gewesen sein, oder aber der Fluss floss über seinem heutigen Bette und hat sich sein Thal selbst gegraben. Um zu erklären, dass der Fluss seine Richtung bewahrte, können wir annehmen, dass der Egerbruch den erzgebirgischen Bruch kompensiert oder gar übertrifft, oder dass sich der Fluss zu einem See aufstaute und an der niedrigsten Stelle überfloss, oder dass er Schotter aufhäufte, oder auch dass seine Erosion an sich mit der Hebung und vulkanischen Aufschüttung Schritt hielt. Ist der Durchbruch der Elbe dagegen erst später eingetreten, so kann Böhmen entweder bis dahin ein abflussreicher See gewesen sein oder, mit oder ohne Seebildung, einen anderen Abfluss, etwa nach Zittau, besessen haben. Der neue Abfluss kann sich durch rückschneidende Erosion des über Tetschen herabkommenden Baches oder durch Verstopfung des alten Ausflusses und dadurch bedingtes Anschwellen des Sees oder durch Flussverlegung während einer Periode der Aufschüttung oder auch auf noch andere Weise gebildet haben.

Wir werden uns begnügen müssen, in den folgenden Kapiteln dem Studium der Erosionserscheinungen einzelne Andeutungen zur Beantwortung dieser Fragen zu entnehmen, zu einer wirklichen Lösung des Problems werden wir nicht gelangen, denn die wichtigsten Fragen, ob der Betrag der Egerdislokation dem der erzgebirgischen gleichkommt oder nicht, ob die geringere Höhe des inneren Böhmens auf Denudation oder auf einer anderen Ursache beruht, ob die Thäler der Elbe und des Polzeu im böhmischen Mittelgebirge etwa durch Lücken der vulkanischen Aufschüttung vorgezeichnet sind, ob in Böhmen in jungtertiärer oder quartärer Zeit ein See bestanden hat, ob ein anderer Lauf der Elbe vorhanden war, diese und andere Fragen können doch nur durch eine eingehende Untersuchung an Ort und Stelle beantwortet werden, welche uns allzuweit über die Grenzen unseres Untersuchungsgebietes hinausführen würde.

IX. Die Gründe.

Die Elbe und ihre Nebenflüsse fliessen längst nicht mehr auf der ursprünglichen Sandsteintafel, auf welcher sie nach dem Rückzuge des Kreidemeeres und vielleicht auch noch nach der Bildung der heutigen Gebirge ihren Lauf nahmen, ihre engen und steilwandigen Thäler, die man in der sächsischen Schweiz passend als Gründe bezeichnet, sind vielmehr in weite Platten, die Ebenheiten, eingesenkt, über welche sich dann erst die höheren Felswände und Steine erheben. Erwies sich uns die Anordnung und der Grundriss der Wasserläufe zwar im grossen und ganzen durch Schichtenneigung und Verwerfungen bedingt, aber im einzelnen von Ablösungsflächen oder Spalten unabhängig, so lässt sich auch der Aufriss, besonders das Längsprofil, derselben nur verstehen, wenn wir dieselben als Bildungen des fliessenden Wassers auffassen.

Die Elbe fällt während ihres ganzen, 44 ^{1}/$_2$ km langen Laufes durch die sächsische Schweiz nur 10,7 m, da ihr Pegel bei Tetschen in 121,5 m, bei Pirna in 110,8 m Meereshöhe liegt; sie hat also ein mittleres Gefäll von $1 : 4112$ [1]). Der Anstieg der Platte, in welche sie eingesenkt ist, ist nach S hin viel bedeutender, so dass ihre Gehänge nach aufwärts ganz beträchtlich höher werden. Die grösseren Nebenflüsse, die Kamnitz, Kreibitz, Kirnitzsch, Sebnitz, Polenz, Wesenitz und Gottleuba, haben schon ein viel steileres Gefälle, aber sie bilden doch noch während ihres ganzen Laufes durch die sächsische Schweiz ausgesprochene Thäler; wenn wir dagegen den kleineren Bächen aufwärts folgen, so gelangen wir nach einem steilen Anstiege entweder, wie am Uttewalderbach, Amselbach, an den Thürmsdorfer Bächen, dem Krippenbach, ja selbst der Biela, auf die horizontale oder sanft geneigte Hochfläche, auf welcher der Bach träge dahinschleicht, oder, wie am Kleinen Zschand, Heringsgrund und zahlreichen anderen Bächen des rechten Elbufers, an senkrecht aufsteigende Felswände, von welchen nur noch Regenwasser herabtropft.

---

[1]) Ueber Berg und Thal. Zeitschr. des Gebirgsvereins f. d. sächs. Schweiz, I, S. 272, nach Angaben der Wasserbaudirektion.

Es besteht also ein ganz bestimmtes Verhältnis zwischen den Thälern oder Schluchten und den Bächen, welche sie beherbergen. Je grösser der Bach ist, um so steiler steigt der Thalboden an. Wären die Thäler Spalten, so wäre diese Beziehung rein zufällig, denn warum hätte nicht ebensogut die Polenz in die kleine Spalte des Amselgrundes, und der Amselbach in die grosse Spalte des Polenzthales fallen sollen? Einschnitte des fliessenden Wassers dagegen müssen, wenn ihre Erosion durch den gleichen Umstand, in diesem Falle die Bildung des Elbthales, erweckt worden ist, und die übrigen Bedingungen gleich sind, um so länger und tiefer sein, je grösser die Wassermenge ist, denn die Arbeitskraft des Wassers nimmt mit der Wassermenge zu.

Woher kommt es aber, dass der Anstieg nicht gleichmässig bis zur Quelle stattfindet, sondern dass auf eine Strecke steilen Gefälles vielfach ein träger Lauf auf der Hochfläche folgt? Man hat die Erscheinung seit langem durch die Analogie des Niagarafalles erklärt, welcher sich, wie uns besonders die schönen Untersuchungen von Lyell[1]) gelehrt haben, früher ungefähr 12 km weiter abwärts bei der Stadt Lewiston befand, im Laufe der Zeit bis zu seinem gegenwärtigen Orte zurückverlegt worden ist und auch jetzt noch jährlich um einen messbaren Betrag zurückschreitet. Auch die Elbe, so haben Gutbier, Cotta, H. Credner u. a. (vgl. S. 314 [70]) ausgeführt, stürzte einst bei Pirna in einem Wasserfalle von der dort gelegenen breiten Sandsteinstufe hinab und hat diesen Wasserfall allmählich rückwärts verlegt, bis die ganze sächsische Schweiz und das böhmische Mittelgebirge durchschnitten waren. Sobald der Einschnitt bis zur Mündung eines Nebenflusses fortgeschritten war, eröffnete dieser den gleichen Prozess. Die grösseren Flüsse haben denselben, ebenso wie die Elbe, bereits vollendet; bei den kleineren dagegen liegt der Oberlauf auch heute noch auf der Höhe der Tafel.

Diese Auffassung hat neuerdings durch Philippson[2]) eine scharfe theoretische Begründung erhalten. Ein Fluss kann nur dann erodieren, d. h. sein Bett tiefer legen, wenn er allen von oberhalb oder durch Verwitterung zugeführten Schutt fortzuschaffen vermag und noch Kraft übrig behält, um den Boden seines Bettes anzunagen. Je grösser die Wassermenge ist, ein um so kleineres Gefäll ist dazu nötig, aber wenn dieses unter einen gewissen Betrag herabsinkt, stellt auch der grösste Fluss die Thätigkeit des Einschneidens ein. Im Inneren von Tafelländern oder anderen Hochflächen ist dieser Fall thatsächlich vorhanden; statt einzuschneiden, müssen die Flüsse und Bäche hier sogar häufig einen Teil des mitgeführten Materials ablagern. Nur an den Rändern, besonders wenn dieselben durch steile Stufen gebildet werden, kann die Erosion einsetzen, und zwar mit besonderer Energie einsetzen, weil hier eine grosse Wassermenge und starkes Gefälle vereinigt wirken. Der Fluss schneidet daher verhältnismässig rasch bis zu der Tiefe ein, welche seiner Wassermenge entspricht; die Stufe und damit die Zone

---

[1]) Lyell, Principles of geology, 11th ed., S. 354 ff.
[2]) Philippson, Ein Beitrag zur Erosionstheorie. Peterm. Mitteil. 1886, S. 76.

energischer Erosion schreiten thalaufwärts vor (s. Fig. 4). Aber wie schon die Verwitterung bestrebt ist, senkrechte Felswände in steil geneigte zu verwandeln (vgl. S. 296 [52], so wird erst recht ein Bach oder Fluss im Laufe der Zeit Katarakte und Stromschnellen an Stelle des Wasserfalles setzen. Dieser wird sich bei der Rückwärtsverlegung nur in dem Ausnahmefalle erhalten, dass harte Gesteinsbänke über weichen lagern, wie es am Niagara der Fall ist[1]). So häufig die zur Hochfläche oder zu alten Thalböden hinaufführenden Zonen steilen Gefälles in der sächsischen Schweiz auch sind, so sind dieselben doch nur selten als Wasserfälle ausgebildet.

Etwas anders muss sich der Erosionsprozess bei Regenschluchten in abflusslosem Gebiete gestalten (s. Fig. 5). Das abfliessende Regen-

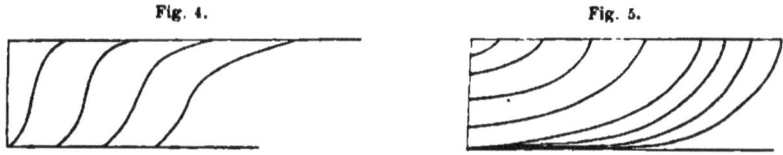

Fig. 4.   Fig. 5.

wasser ist zunächst nur ein unbedeutender Faden, der daher auch nur wenig einschneiden kann. Erst durch die Thätigkeit des Einschneidens selbst wird die Wassermenge vermehrt und damit die Möglichkeit tieferen Einschneidens gegeben. Die Ausbildung der Schlucht schreitet daher nach hinten und nach unten in einem konstanten Verhältnis fort, der Aufriss der Schlucht ist, wenn keine besonderen Unregelmässigkeiten eintreten, in jedem Momente durch die vorhandene Wassermenge bestimmt, d. h. er bildet eine nach oben ganz regelmässig ansteigende Kurve, deren mittlere Neigung um so kleiner ist, je grösser die gesamte Wassermenge. Ist die Basis der Schlucht bis zum Fusse der Wand hinabgelegt worden, so erfolgt die Fortbildung nur noch nach hinten und zwar langsamer als vorher, weil sich der Neigungswinkel der Kurve nur in dem gleichen Verhältnis weiter vermindern kann. Der Boden der Schlucht hat jetzt dieselbe Gestalt gewonnen, welche der Thalboden eines gewöhnlichen Baches von gleicher Wassermenge bei Vollendung des Einschneidens haben würde, aber der Weg, auf welchem dieses gleiche Ziel erreicht worden ist, ist bei beiden ein ganz verschiedener gewesen.

Mittelbar werden diese Regenschluchten auch für die Thäler wichtig, denn an jedem Thalrande wird ihre Bildung eingeleitet und dadurch die Wassermenge der Bäche beständig vermehrt. Philippson (a. a. O. S. 76 f.) hat die Meinung ausgesprochen, dass das Thalprofil, welches die Entwickelung jedes Tafellandbaches kennzeichnet, zur Dauerbildung werden könne, d. h. dass es Gebiete geben könne, welche von der Erosion überhaupt nicht erreicht werden, wenn nämlich die Wassermenge der Bäche zu gering sei, um den Transport fester Materialien

---

[1]) Vgl. Lyell a. a. O., Löwl, Studien über Thalbildung. Prag 1884, S. 52. Supan, Grundzüge der physischen Erdkunde S. 276.

von der Quelle bis zur Mündung zu ermöglichen. Dieser Fall wird aber
nur in regenlosen Klimaten eintreten können; unter gewöhnlichen Umständen birgt ein Tafelland in seinen inneren Teilen immer noch Wasser,
welches gegenwärtig einsickert, aber durch die Erosion zum Abfluss
gebracht werden kann, so dass jedes Einschneiden Vermehrung der
Wassermenge bewirkt und damit die Möglichkeit neuer Erosion enthält.
Der Erosionsprozess kann zuletzt ein sehr langsamer werden, aber er
kann nicht zum Stillstande kommen, bevor er nicht jeden Winkel in
sein Bereich gezogen hat.

Wir sind bisher von der Voraussetzung ausgegangen, dass der
Stufenrand der sächsischen Schweiz fertig vorhanden gewesen sei, als
die Erosion einsetzte. Aber es ist fraglich, ob diese Veraussetzung
richtig ist. Namhafte Forscher meinen, dass der Einschnitt des Hauptthales immer schon gleichzeitig mit der Emporhebung der Gebirge erfolgt
sei (vgl. S. 315 [71] f.), und auch abgesehen davon ist die Möglichkeit
vorhanden, dass der Stufenrand eines Tafellandes in Absätzen oder
ganz allmählich entsteht oder wenigstens entblösst wird. Dem Wesen
nach gestaltet sich der Erosionsvorgang dadurch nicht anders, aber an
die Stelle eines einheitlichen Aktes tritt eine Reihe kleinerer Akte oder
auch eine unendliche Wiederholung unendlich kleiner Akte derselben Art.

Es wäre möglich, dass gewisse Unregelmässigkeiten, welche wir
im Verlaufe der Thalkurven bemerken, hiermit in Zusammenhang stehen.
Ein gutes Hilfsmittel für das Studium derselben wird uns durch die
Höhenlinien der Messtischblätter der sächsischen Generalstabskarte
(1 : 25000) gewährt. Schon ein Blick auf die bald dichtere Aneinanderdrängung, bald weitere Entfernung der Höhenlinien genügt, uns von
dem Vorhandensein solcher Unregelmässigkeiten zu überzeugen, zu
einem genaueren Studium aber muss man die Entfernungen derselben
abmessen und daraus die Gefällszahlen berechnen.

In den kleineren Gründen führt uns meist unmittelbar von der
Elbe oder einem der grösseren Nebenthäler ein steiler Anstieg zum
flacheren Thalboden hinauf, der aber noch nicht auf der Hochfläche
liegt, sondern in dieselbe eingesenkt und mit ihr durch einen neuen
steilen Anstieg verbunden ist. Zwei kleine Schluchten am Grahlstein
südlich von Rathen haben auf die ersten 250 m einen Anstieg von 40 m,
nämlich von 110 auf 150 m, während man erst in einer weiteren Entfernung von 950 m die nächsten 30 m, nämlich zu 180 m emporsteigt.
Auf ein Gefäll von 1 : 6 folgt demnach ein Gefäll von 1 : 32. In dem
schon viel bedeutenderen Zahnsgrunde östlich von Schandau erheben wir
uns in den ersten 600 m um 55 m (von 115 auf 170 m, Gefälle 1 : 11),
in den darauf folgenden 470 m nur um 10 m (1 : 47) und den nächsten
440 m um 20 m (180—200 m, 1 : 22). Auch in dem nach E sich
anschliessenden Wenzelsgrunde dauert dieses verhältnismässig geringe
Gefälle fort. Der etwas vorher, bei 180 m, einmündende Schiessgrund dagegen führt uns in den ersten 170 m gleich um 30 m, nämlich
zu 210 m, aufwärts (Gefälle 1 : 6), während die nächsten 30 m Erhebung
(zu 240 m) auf einen Abstand von 560 m (1 : 19) erfolgen und daran
sich erst der Anstieg zur Hochfläche anschliesst. Desgleichen beginnen
viele Nebengründe des Kirnitzschthales mit einer Stufe. Der Münzbach

zeigt auf die ersten 120 m ein Gefälle von 1 : 4, auf die nächsten 180 m dagegen nur von 1 : 18 und auf die darauf folgenden 1170 m 1 : 23. Im Kleinen Zschand zeigen die ersten 80 m 1 : 4, die darauf folgenden 1120 m 1 : 56 u. s. w. Im Grossen Zschand ist die Stufe etwas weiter zurückgeschoben und etwas weniger steil, aber doch auch deutlich vorhanden. Dagegen fehlt sie in dem bei Hinter-Dittersbach mündenden Böhmergrund und den benachbarten Gründen vollständig; dort finden wir in den ersten 2850 m ein Gefälle von 1 : 116, das nach aufwärts ganz allmählich grösser wird. Dafür tritt aber zwischen der Mündung des Grossen Zschand und der Mündung des Böhmergrundes im Kirnitzschthale selbst eine Stufe auf. Zwischen den Höhenlinien von 210 und 230 m ist das Gefälle daselbst plötzlich auf 1 : 70 gesteigert, während es zwischen 190 und 210 m 1 : 197 und zwischen 230 und 250 m 1 : 245 beträgt. Auch abwärts von 190 m wechseln steilere und flachere Stellen miteinander ab, da wir das Gefälle zwischen 190 und 170 m gleich 1 : 92, zwischen 170 und 150 m gleich 1 : 158, zwischen 150 und 130 m gleich 1 : 249, zwischen 130 m und der bei 115 m gelegenen Mündung in die Elbe gleich 1 : 156 finden.

Es sind verschiedene Ursachen denkbar, welche einen derartigen Wechsel steilerer und flacherer Strecken des Thalbodens veranlasst haben können [1]. Wir haben gesehen, dass trotz der scheinbaren Gleichartigkeit manche Sandsteinbänke der Verwitterung geringeren Widerstand leisten als andere, und so könnte auch das Einschneiden der Flüsse in ihrem Bereiche in schnellerem Tempo geschehen; manche geringere Gefällswechsel, namentlich beim Uebergange der Thäler aus dem Granit und Gneiss in den Sandstein sind auch wohl auf diese Ursache zurückzuführen. Die Vermehrung der Wassermenge, auf welcher neben der Beschleunigung durch die Schwere und der dadurch vermehrten Geschwindigkeit die Zunahme der Wasserkraft nach abwärts beruht, geht nicht gleichmässig vor sich, sondern erfolgt hauptsächlich an der Mündung der Nebenbäche, so dass der Flusslauf vielfach aus einer Reihe kleiner Kurven zusammengesetzt erscheint, deren Bruchstellen mit den Mündungen zusammenfallen. Unter Umständen wird der Nebenbach jedoch auch mehr Schutt herbeibringen, als der Fluss zu bewältigen vermag, und dadurch eine Stauung bewirken. Auch durch Bergstürze erfolgen mitunter an einer Stelle des Thales reichlichere Schuttanhäufungen, so dass der Fluss aufgestaut wird und oberhalb des Schuttkegels ein geringeres, unterhalb ein stärkeres Gefälle erhält. Diese Ursache scheint sich besonders leicht am unteren Ende von Kesseln geltend zu machen, wo viele Schluchten zusammenmünden. Im kleinen Dom (zwischen Schandau und Winterberg) finden wir am Fusse senkrechter, amphitheaterförmiger Felswände einen beinahe ebenen sandigen Boden; der Ausgang wird durch eine kleine Schlucht gebildet, die von zahlreichen grossen Felsblöcken erfüllt ist. Ein solcher sandiger Kesselboden darf natürlich nicht mit den felsigen und häufig von kleinen Seen erfüllten Böden der alpinen Kare, der norwegischen Botner und pyrenäischen Zirkusthäler verwechselt werden, bei deren Bildung wahrscheinlich das Eis eine wichtige Rolle spielte.

---

[1] Vgl. v. Richthofen, Führer S. 198 ff.

Aber die grösseren, fast in keinem Thale fehlenden Stufen lassen sich weder durch Unterschiede in der Härte des Gesteins noch durch örtliche Schuttanhäufungen noch durch Unregelmässigkeiten der Wasservermehrung erklären. Ueber diese Stufen sind wir zuerst durch die schönen Untersuchungen Rütimeyers im Gebiete der Reuss und des Tessin [1]) aufgeklärt worden. Rütimeyer zeigte, dass die flachen Thalböden sich unterhalb der sie abschneidenden steilen Stufen als Gehängeterrassen in derselben langsam sich vermindernden Höhe fortsetzten, und dass die Terrassen der Nebenthäler genau auf die Terrassen der Hauptthäler treffen. Er schloss daraus mit Recht, dass die Flüsse längere Zeit in jenem Niveau geflossen seien, dass die Erosion dann aus irgend einem Grunde von neuem erwacht sei, aber die Arbeit des Rückschneidens an den meisten Stellen noch nicht vollendet habe, und dass auch nach dem Wiedereinschneiden die älteren Thalböden als Gehängeterrassen erhalten geblieben seien. Denn Thalböden, auf welchen der Fluss längere Zeit verharrte, sind stets verhältnismässig breit, nicht weil die seitliche Erosion während der Ruhepausen an sich stärker ist als während des Einschneidens, sondern weil sie ihre Kraft länger an derselben Stelle üben kann, und weil sich auch an den Mündungen der Nebenflüsse nur in diesem Falle flache Schuttkegel bilden können.

Die nähere Untersuchung der Thalterrassen der sächsischen Schweiz von diesem Gesichtspunkte aus muss einem späteren Kapitel überlassen bleiben. An dieser Stelle dagegen haben wir in den heutigen Thalböden der Elbe und ihrer Nebenflüsse die Anzeichen eines solchen Ruhezustandes zu verfolgen. Bei rückläufiger Erosion muss derselbe im unteren Teile der Thäler immer verhältnismässig rasch eintreten, ausser wenn etwa das Mündungsniveau des Flusses und die klimatischen Verhältnisse grösseren Veränderungen unterworfen sind. Die Thalsohle der Elbe zeigt sowohl an der inneren Seite der Krümmungen, bei Rathen, Königstein, Niedergrund und Rasseln, wie an der Mündung mehrerer Nebenflüsse, der Kirnitzsch, des Lachsbaches, des Uttewalderbaches u. a. kleine Flachböden, wie sie sich während energischen Einschneidens kaum bilden können. Von den Nebenthälern zeigt die, allerdings kaum noch der sächsischen Schweiz angehörige, Gottleuba diese weite Thalsohle am besten entwickelt, aber auch die Polenz wird auf ihrem ganzen Laufe durch die sächsische Schweiz von ebenen Wiesenböden begleitet. Das Thal der Kamnitz verengt sich auffälligerweise schon bald oberhalb der Mündung zu einem engen Felsenschlunde, in welchem nicht einmal ein Weg hat geführt werden können, und erweitert sich erst bei der Mündung der Kreibitz, wo wir einen alten Thalboden erreichen. Im Kirnitzschthale hat die seitliche Erosion schon grössere Erfolge zu verzeichnen; oft hat sich der Fluss hart an die eine Thalseite gedrängt, den Fusskegel zerstört und durch Unterwaschung glatte senkrechte Felswände erzeugt. Am meisten entwickelt sind die Flachböden an den beiden Stellen, wo die Kirnitzsch im Granitgebiet fliesst, wahrscheinlich weil ihr Lauf hier gerade ziemlich gekrümmt ist. Weiter oberhalb treten wir in ein enges Felsenthal, das sich erst auf

---

[1]) Rütimeyer, Ueber Thal- und Seebildung, 2. Aufl. Basel 1874.

dem alten Thalboden bei Hinter-Dittersbach wieder für eine Strecke von ungefähr 2 km erweitert. Dann folgt bei nordsüdlichem Laufe die besonders enge und romantische Partie der oberen Schleuse, während die ostwestlich gerichtete Laufstrecke oberhalb Hinter-Daubitz wieder einen etwas weiteren Thalboden zeigt, ohne dass sich diese Thalerweiterung auch in den Gefällsverhältnissen widerspiegelte. Der Thalboden der Biela verengt sich schon 1 km oberhalb Königstein und bewahrt diese Enge für 6 $^1/_2$ km, nämlich bis Brausenstein, wo wir einen alten sanft geneigten Thalboden betreten. Thalaufwärts wird derselbe immer breiter, bis wir den weiten, von steilen Felswänden umgebenen Kessel von Eiland erreichen.

Wesentlicher noch für den landschaftlichen Eindruck der Thäler als die grössere oder geringere Weite des Thalbodens ist die grössere oder geringere Steilheit der Thalgehänge. Wenn die Erosion der Flüsse oder Bäche allein wirksam wäre, so würden sämtliche Thäler und Schluchten enge Schlünde mit senkrechten Wänden sein. In losen Sanden und ähnlichen Massen hat das Einschneiden allerdings sofort Gleitbewegungen im Gefolge, welche andauern, bis die Neigung des Abhanges der natürlichen Böschung der Masse entspricht; aber der Quadersandstein mit seiner quaderförmigen Absonderung ist sehr wohl imstande, senkrechte Wände zu bilden. Nur dadurch, dass die Verwitterung den Zusammenhang der Sandkörner und der Quaderblöcke lockert, und die Schwere oder das Regen- und Sickerwasser dieselben zu Fall bringt, geht hier, wie in den meisten anderen festen Gesteinen, der schlundartige Charakter der Thäler verloren, gehen die Gehänge aus ihrer senkrechten Stellung in eine weniger steil geneigte Lage über, kommen die oberen Thalränder nicht mehr senkrecht über, sondern mehr oder weniger zur Seite der Thalaue zu liegen.

Wir sehen zunächst von den grösseren Lücken der Thalwände ab, welche selbst kleine Thäler sind, und fassen den mehr gleichmässigen Angriff der Thalwände durch die Verwitterung ins Auge. Die Verwitterung ist überall ebenso alt wie die Erosion, sowohl Verwitterung wie Erosion arbeiten immer weiter, aber an verschiedenen Orten und zu verschiedenen Zeiten mit sehr verschiedener Kraft, so dass das Kräfteverhältnis ein überaus wechselndes ist.

Bei eigentlichen Thälern wird eine hohe Thalwand in einem sehr kurzen Zeitraume gebildet (vgl. S. 319 [75] f.), in welchem die Verwitterung nur eine sehr unbedeutende Arbeit zu leisten vermag. Die Thäler haben also alle wirklich einmal die Form eines mehr oder weniger tiefen Schlundes besessen, der erst später durch die Verwitterung mehr oder weniger erweitert worden ist. Grosse Strecken des Kamnitzthales sowie das Kirnitzschthal oberhalb Hinter-Dittersbach stellen auch heute noch ziemlich enge Schlünde dar. Bei den Regenschluchten dagegen erfolgt der Einschnitt und damit die Bildung der Wände allmählich, die Erweiterung erfolgt also gleichzeitig mit der Vertiefung, der Erosionsschlund ist also nie thatsächlich vorhanden, die Schluchten stellen vielmehr in jedem Momente weitere Furchen dar. In dem Felsengebiete östlich von Schandau, wo fast alle Vertiefungen Schluchtencharakter tragen, begegnen wir daher keinen engen Schlünden, sondern breiteren, mehr kesselartigen Lücken.

81] Gebirgsbau und Oberflächengestaltung der sächsischen Schweiz.

Die Abtragung der senkrechten Thalwände durch die Verwitterung beginnt an der oberen Kante und schreitet sehr schnell nach unten, viel langsamer nach hinten fort, in einem, durch den Neigungswinkel α (vgl. Fig. 6) ausgedrückten Verhältnis, welches, namentlich durch die

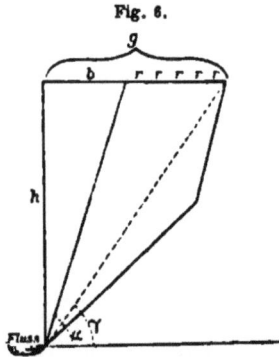

Fig. 6.

Gesteinsbeschaffenheit und den Wasserzufluss bedingt ist. Der Schutt fällt zunächst in den Fluss und wird durch denselben fortgeführt, bis der Angriff der Wand den Thalboden erreicht hat. Der horizontale Abstand b der oberen Kante von dem Fluss ist in diesem Momente durch die Höhe der Wand h und den natürlichen Neigungswinkel des Gesteins α bestimmt: $b = h \cdot \cotang \alpha$, d. h. er ist ceteris paribus um so grösser, je höher die Wand ist. Bei der weiteren Rücklegung der Wand kann natürlich kein horizontaler Zwischenraum zwischen ihr und dem Flusse bleiben, es bildet sich vielmehr der Fusskegel aus, auf welchem das spülende Wasser den im oberen Teile der Wand gebildeten Schutt hinabführt, und der um so flacher wird, je weiter die Wand zurückverlegt wird (vgl. S. 301 [57] f.). Wenn wir die Schnelligkeit der Rückverlegung durch die Grösse r messen, welche von der Höhe der Wand völlig unabhängig ist (vgl. S. 135 [58]), so ist der Abstand der Felskante vom Fluss oder die Breite des Gehänges g nach Ablauf der Zeit t (von der Herstellung des Gehänges AB an gerechnet)

$$g = b + t \cdot r = h \cotang \alpha + t \cdot r.$$

Je grösser also $t \cdot r$ ist, d. h. je längere Zeit seit dem Beginne der Verwitterung verflossen ist, oder je rascher die Verwitterung fortschreitet, um so mehr verwischt sich der Einfluss der Höhe der Wand. Für die Neigung γ des Gehänges gilt

$$\cotang \gamma = g : h = \cotang \alpha + \frac{t \cdot r}{h}.$$

γ ist also um so grösser, je grösser h ist, aber der Einfluss von h wird gleichfalls mit der Zeit und mit der Stärke der Verwitterung geringer.

Die Verwitterung setzt im allgemeinen infolge der rückläufigen Erosion im unteren Teile der Thäler eher ein als im oberen, ihr Angriffspunkt schreitet bei grösseren Flüssen schneller aufwärts als bei kleineren; t wird also flussaufwärts immer kleiner. Wenn die Oberfläche horizontal ist, so geht die Verkleinerung von h damit Hand in Hand. Die Breite der Gehänge g wird in diesem Falle also aus doppeltem Grunde verkleinert, der Neigungswinkel wird grösser oder kleiner, je nachdem die Höhe der Wand h oder die Dauer der Verwitterung t in höherem Grade zunehmen. Unmittelbar nach dem Einschneiden wird im allgemeinen der Einfluss von h überwiegen, mit der Zeit wird sich t mehr und mehr geltend machen, d. h. die Gehänge werden zuerst verhältnismässig steil sein, mit der Zeit aber flacher werden.

Diese Sätze lassen sich nur schwer durch Beispiele aus der Natur zahlenmässig belegen, weil die Gesteinsbeschaffenheit und der Wasserzufluss störend einwirken, weil der oberste Teil der Gehänge oft ganz flach zurückweicht und daher nur die in wechselnder Höhe liegende Felskante eine Messung ihres Abstandes vom Flusse oder der Thalaue erlaubt. Ungefähr wird man die nach aufwärts abnehmende Breite der Gehänge in der folgenden Tabelle über den Uttewaldergrund erkennen können; auch die gleichmässige Steilheit der Gehänge tritt hier zu Tage, mit Ausnahme des ersten Punktes, an welchem der obere Teil der Gehänge aus besonderen Gründen abgetragen ist.

	Meereshöhe des Thalbodens.	Meereshöhe der Thalränder.	Höhe der Gehänge h.	Abstand der Thalränder d.	Breite der Thalaue.	Breite jedes Thalgehänges g.	h:d. =1:	h:g. =1:
oberhalb Wehlen	160 m	200 m	40 m	160 m	20 m	75 m	4.0	1.9
Mündung des Zscherregrundes	175	220	45	110	10	50	2.4	1.1
Felsenthor	187	220	33	70	10	30	2.1	0.9
nördl. Uttewalde	197	220	23	50	10	20	2.2	0.9

In den meisten Fällen ist aber die Platte, in welche das Thal eingesenkt ist, nicht horizontal, sondern in derselben Richtung wie das Thal selbst und zwar mitunter in stärkerem Grade als dieses geneigt. Die grössere Höhe der Thalwand im oberen Teile wird dann das spätere Einsetzen der Verwitterung ausgleichen und sogar übertreffen können, wie uns besonders deutlich die Elbe selbst lehrt, deren Vergleich mit dem Uttewaldergrunde zugleich den Einfluss der Grösse des Thales erkennen lässt.

	Meereshöhe des Thalbodens.	Meereshöhe der Thalränder.	Höhe der Gehänge h.	Abstand der Thalränder d.	Breite der Thalaue.	Breite jedes Thalgehänges g.	h:d=1: b:g=1: 1:	1:
oberhalb Pirna	110 m	160 m	50 m	560 m	360 m	100 m	11.2	2.0
Zeichen	110	200	90	550	180	175	6.1	2.0
oberhalb Königstein	114	220	106	760	340	210	7.1	2.0
Postelwitz	115	240	125	630	310	160	5.0	1.3
Schmilka	115	240	125	620	280	170	5.0	1.4
oberh. Herrnskretschen	115	250	135	550	180	185	4.1	1.3
Niedergrund	115	300	185	880	320	280	4.7	1.5
unterhalb Czirte	115	350	235	940	260	340	4.0	1.4
Mittelgrund	115	390	275	1350	300	525	4.9	1.9

Fliesst der Fluss nicht senkrecht auf die Streichrichtung einer geneigten Platte, sondern derselben mehr oder weniger parallel, wie die Elbe unterhalb Herrnskretschen oder der Cunnersdorfer Bach unterhalb Cunnersdorf, so tritt eine Verschiedenheit nicht zwischen den aufwärts und abwärts gelegenen Strecken, sondern zwischen den beiden Thalseiten ein. Der geringe Höhenunterschied ist allerdings von keiner Bedeutung, aber durch die Neigung der Platte, namentlich wenn dieselbe mit einer Schichtenneigung verbunden ist, werden Wasserzufluss u. dgl. bedingt (vgl. S. 304) [60]. Es wird daher nicht nur die natürliche Neigung der Gehänge auf der gegen den Fluss hin geneigten Seite sanfter, d. h. $\angle \alpha$ kleiner oder b grösser sein als auf der Seite der Schichtenköpfe, sondern es wird auch die Abtragung r auf jener Seite viel rascher vor sich gehen; erst recht wird sich also die Breite des Gehänges g daselbst vergrössern, die Steilheit γ verringern. Auf der bezeichneten Strecke des Cunnersdorfer Thales ist die den Thalrand bezeichnende Isohypse von 300 m auf der Südseite anderthalbmal so weit von der Thalaue entfernt als auf der Nordseite.

Aber auch auf der Nordseite ist das Gehänge keineswegs besonders steil, da das Verhältnis h : g nur 1 : 4 beträgt (80 m : 320 m), während es bei der Kirnitzsch und Polenz bei gleicher Thaltiefe (d. h. gleicher Grösse von h) zwischen 1 : 1 und 1 : 1 ½ schwankt. Südöstlich der Linie Pirna-Dittersbach ist überhaupt nur hier und da eine Felswand an den Thalgehängen stehen geblieben, während meist der obere, sanfter geneigte, Teil des Abhanges mit dem Fusskegel verschmilzt, so dass ein gleichmässiges Gehänge entsteht, wie wir es in den meisten anderen Mittelgebirgen finden.

Dieser Unterschied gegenüber dem rechten Elbufer scheint grossenteils eine Wirkung der Gesteinsbeschaffenheit zu sein. Die Thäler des rechten Elbufers sind in den rein quarzigen oberen Quader, die des linken Ufers und der Binsdorfer Platte grossenteils in den mittleren Quader eingeschnitten, welcher viel weicher und thoniger ist als jener. Ueber dem mittleren Quader liegt die Plänerschicht und in einiger Höhe über dieser eine sehr thonreiche Schicht, welche beide auf dem rechten Ufer nur an wenigen Stellen auftreten. Das Wasser kann also auf dem linken Ufer nicht in dem Masse einsickern wie auf dem rechten, sondern spült gleichmässig über den Abhang hinab. Nur wo die Oberfläche, wie an den Nickelsdorfer Wänden und im oberen Bielathale, durch eine völlig ebene Platte gebildet wird, ist der Zutritt des spülenden Wassers erschwert und damit die Neigung zur Felsenbildung vorhanden. Die grotesken Felsbildungen des Bielathales oberhalb Brausenstein und besonders oberhalb der Schweizermühle sind übrigens namentlich auf die seitliche Erosion zurückzuführen und sind deshalb immer nur auf einer Thalseite, meistens der rechten, vorhanden.

Auf dem rechten Elbufer zeigen besonders das Thal der Lachsbach, d. h. der vereinigten Polenz und Sebnitz, und das Thälchen des Münzbaches sanftere Formen. Dort mag der diluviale Lehm daran schuld sein, welcher die Thalränder bedeckt, hier liefern die zahlreichen Höhlen der Kuhstallwände reichlicheres Wasser. Felswände, welche in der Nähe der Thalränder über die Platte aufragen, sind überhaupt von der grössten Bedeutung. Während sich im allgemeinen erst infolge der Thalbildung Regenrinnen bilden, waren hier schon vor dem Einschneiden der heutigen Thäler grössere Rinnsale gegeben, welche mit dem Einschneiden der Thäler in viel höherem Grade Schritt zu halten vermochten. An dem linken Ufer der Polenz und auch am rechten Elbufer zwischen Herrnskretschen und Schandau sind diese Schluchten der geringen Höhe oder dem geringen Abstande der Felswände entsprechend verhältnismässig unbedeutend, aber im oberen Teile des Grossen Zschand werden sie so viel ansehnlicher und drängen sich so dicht aneinander, dass sie den Grundcharakter desselben völlig aufheben. Reicht die höhere Wand bis unmittelbar an den Thalrand heran, wie es am unteren Amselgrunde der Fall ist, so greifen statt der Schluchten die Kessel selbst bis zum Thalboden hinab.

Die Gestaltung der Thalwände ist also in erster Linie durch die Verteilung der Wasserfäden bedingt, wie wir sie am Eingange des vorigen Kapitels kennen gelernt haben. Tief sind die Hauptthäler eingeschnitten, steilwandig sind ihre Gehänge; auch die Nebenthäler und grösseren Schluchten bewahren meist noch den gleichen Charakter, erst im Quellgebiete, wo der Bach selbst geringere Kraft hat, treffen wir teilweise weitere Kessel oder auch nur sanfte Mulden an. Wenn wir die Bäche und grösseren Rinnsale mit den Aesten und Zweigen eines Baumes, das gleichmässig über die Fläche spülende Wasser dagegen mit dem Blattwuchse vergleichen, so prangen die Bäume, welche die Flusssysteme der sächsischen Schweiz darstellen, nicht wie die krystallinischer Gebiete in vollem Laubschmucke, sondern erinnern uns vielmehr an die kahlen Bäume der Winterszeit. Während in Kettengebirgen die Erosion überall thätig ist, sind hier grosse Gebiete zwischen den Schluchten noch ganz unversehrt. Um so tiefer sind die Thäler und Schluchten selbst eingeschnitten, weil ihnen von den Seiten her so wenig Schutt zugeführt wird, und weil derselbe eine so bequeme Form besitzt. Denn während die krystallinischen Gesteine in grössere Bruchstücke zu zerfallen pflegen, liefert die Verwitterung in der sächsischen Schweiz hauptsächlich Sand. Je feiner aber das Material ist, um so leichter kann es fortgeschafft werden, ein um so geringeres Gefälle bedarf der Fluss zu seiner Bewältigung, um so tiefer kann er auch im oberen Teile einschneiden. Die Thäler zeigen daher beim Uebergang ins Granitgebiet meist ein steileres Gefälle, die kleineren Schluchten brechen am Granitrande scharf ab.

Mit Recht hat man die Gründe der sächsischen Schweiz mit den Cañons des Coloradogebietes verglichen. Freilich stehen sie sowohl an Grossartigkeit wie an Steilheit der Wände hinter denselben zurück, denn während der Inner Chasm des Colorado im Mittel etwa 1000 m tief, 1100—1300 m breit[1]) ist, das Verhältnis der Höhe zur Breite also $1 : 1\,1/11 — 1\,1/3$ beträgt, wird an der Elbe nur an einer Stelle (bei Czirte), wo die Tiefe des Thales 235 m, der Abstand der Thalwände 940 m ist, das Verhältnis 1 : 4 erreicht. Nur in einigen kleineren Gründen treffen wir Verhältniszahlen von 1 : 2 bis 1 : 1 an. Aber der

---

[1]) Dutton, Tertiary history of the Great Cañon district S. 87.

Unterschied bezieht sich nur auf das Mass, ein Blick auf die schönen Abbildungen der Canons genügt für den Kenner der sächsischen Schweiz, um die Thäler dort und hier demselben Typus zuzuweisen. Powell und Dutton haben den Canoncharakter darauf zurückgeführt, dass wasserreiche Flüsse durch regenlose Tafellandschaften fliessen, dass sie selbst also tiefer einnagen können, während die Kraft der Verwitterung an den Thalrändern sehr beschränkt ist [1]). Auch in der sächsischen Schweiz mag die Regenarmut der jüngeren Diluvialzeit, auf welche die Natur und Fauna des Löss hinweist, für die Steilwandigkeit der Thäler in Betracht kommen, aber wichtiger sind die Beschaffenheit und Lagerung des Gesteines, welche wenigstens auf dem rechten Elbufer keine stärkere Zerstörung der Thalwände gestatten. Canons oder Gründe können sich nur in Platten bilden, aber auch Platten, welche durch Meeresabrasion oder atmosphärische Erosion auf ursprünglich gefaltetem Gebiete geschaffen worden sind, sind denselben nicht so günstig wie Schichtungstafeln, weil die Ungleichmässigkeit des Gesteines stets Terrainwellen und damit reichlicheren Abfluss des Regenwassers erzeugt. Lässt das Gestein das Wasser durchsickern, wie der poröse Sandstein mit seiner quaderförmigen Absonderung, so können gleichfalls eher Canons entstehen als in minder durchlässigem Material. Wir brauchen nicht weit zu wandern, um eine Bestätigung dieser Sätze zu finden. Der Oberlauf der Kirnitzsch, Sebnitz, Polenz und Wesenitz liegen in der Lausitzer Platte, die Gottleuba, Müglitz, Lockwitzbach und Weisseritz sind in die Hochfläche des östlichen Erzgebirges oder Elbthalgebirges eingeschnitten, und wieviel weniger erinnern uns diese Thäler an Canons als die Gründe der sächsischen Schweiz!

Aber noch ein Umstand muss hinzu kommen, um den Canoncharakter zu ermöglichen. Das Einschneiden der Thäler darf durch keine fremden Einwirkungen unterbrochen worden sein [2]). Man hat mehrfach angenommen, dass das Elbthal und die übrigen Gründe der sächsischen Schweiz bereits in der Tertiärzeit gebildet worden seien, aber schon Cotta hat hervorgehoben [3]), dass in ihnen und auch in den ähnlichen Gründen der benachbarten Platten bisher nie glaciale Geschiebe gefunden worden sind, während dieselben auf den Platten selbst in Menge umherliegen. Negative Merkmale besitzen zwar keine volle Beweiskraft; die Gletscherablagerungen oder die Schotterablagerungen der Glacialzeit könnten später vom Fluss wieder ausgeräumt worden sein, obgleich der Mangel jeder Spur höchst auffallend wäre. Aber wäre je ein Gletscher in diese Gründe eingedrungen, so würde er den engen canonartigen Thalgrund in einen weiteren Trog ausgeschliffen haben, wie wir es in sämtlichen alpinen Thälern und überall sehen, wo die ehemalige Anwesenheit eines Gletschers sicher bezeugt ist. Wären hier mächtige Geröllmassen aufgeschüttet worden, so hätte der Fluss während der Aufschüttung sein Bett hin und her verlegt und

---

[1]) Dutton, Tertiary history S. 245 f.
[2]) Dutton a. a. O. Vgl. Le Conte, American Journal of Science 1886, S. 167. Referat Petermann. Mitteil. 1887, Nr. 45.
[3]) Cotta, Erläuterungen zur geogn. Karte von Sachsen.

hätte ein bedeutendes Mass von seitlicher Erosion entfaltet. Der typische Erosionscharakter der Gründe ist höchst wahrscheinlich in ihrer jugendlichen, postglacialen Entstehung begründet.

X. Felswände, Steine und Ebenheiten.

Ganz andere Gebilde als diese Gründe hat die Erosion in grösserer Meereshöhe geschaffen, wo sie ihre Thätigkeit bereits seit längerer Zeit entfalten konnte. Bewahrten die Sandsteinmassen dort im ganzen noch ihren Zusammenhang, so haben sie hier viel bedeutendere Verluste erlitten und sind nur in verhältnismässig kleinen Resten erhalten oder stellenweise auch ganz verschwunden.

Wenn man irgend einen Vorgang der Zerstörung untersuchen will, so muss man ihn an den Stellen zuerst aufsuchen, wo die Zerstörung noch die geringsten Fortschritte gemacht hat, denn je weiter dieselbe fortschreitet, um so mehr pflegt sie ihre eigenen Spuren zu verwischen. In der sächsischen Schweiz stellt daher das Felsrevier zwischen Schandau oder, genauer gesagt, dem Zahnsgrunde bei Schandau und Dittersbach i. B. den geeignetsten Ausgangspunkt der Untersuchung dar.

Namentlich im westlichen Teile dieses Felsrevieres treten uns die Felskessel als die entschieden vorherrschende Oberflächenform entgegen. Wir treffen hier Muster aller Arten von Felskesseln an; ein Modell eines ausgezeichnet halbkreisförmigen Kessels, dessen Halbmesser ungefähr 200 m gross ist, befindet sich auf der Nordseite der Schrammsteine; der Heringsgrund nördlich von Schmilka nähert sich mehr der Form eines Kreises, von dessen Peripherie ungefähr $1/6$ abgeschnitten ist; der Kessel am oberen Ende des Kleinen Zschand ist 1200 m breit und ebenso tief; er besteht aus drei Armen, also Kesseln zweiter Ordnung, die sich jeder wieder verzweigen und zwar derart, dass man auf der Karte noch Kessel vierter, ja, wenn man will, fünfter Ordnung unterscheiden kann. Mehr länglich gestreckt sind z. B. die Lorenzlöcher und ihre Nachbarschluchten am oberen Ende des Nassen Grundes, nach oben endigen sie jedoch gleichfalls in einem oder mehreren Halbkreisen.

Ueber die Entstehung dieser Felskessel ist es nach den Ausführungen der vorhergehenden Kapitel kaum nötig, etwas hinzuzufügen. Für Bildungen des Meeres wird dieselben wohl niemand halten wollen, auch an eine Wirkung des Eises ist nicht zu denken, da jeder Anhalt fehlt, dass es in diesem Gebiete je Firn oder Gletscher gegeben habe, und da die für die Eiswirkung charakteristischen Felsbecken hier nicht vorhanden sind (vgl. S. 322 [78]). Die Felskessel verdanken ihre Entstehung vielmehr lediglich dem in zahllose kleine Fäden verteilten Wasser der Quellregion, je nach dessen Anordnung die mehr halbkreisförmige oder mehr längliche Form hervorging (vgl. S. 308 [64]). Dass dem wirklich so ist, werden uns die innigen Beziehungen zwischen den Felskesseln und den heutigen Bachläufen überzeugend beweisen. Durch die Anordnung der Felskessel ist die Gestaltung der Felswände bedingt[1]). Wir haben bereits gesehen (S. 298 [54], wie sich die kleinsten Felskessel immer mehr nähern, wie nur eine schmale Leiste zwischen ihnen bleibt und wie schliesslich auch diese verschwindet, um weiter hinten von neuem zu entstehen. Genau dieselbe Erscheinung wiederholt sich bei den grösseren Kesseln, welche auch auf der Karte wahrnehmbar sind. Die zu einem Hauptkessel gehörigen kleineren Kessel, benachbarte Hauptkessel und schliesslich auch die auf den entgegengesetzten Seiten eines Rückens angelegten Kessel dringen gegen einander vor und verkleinern die zwischenliegende Felswand immer mehr, bis sie sie schliesslich ganz zerstören.

Zwischen benachbarten Kesseln entstehen mehr oder weniger langgestreckte, endlich ganz schmale, nach beiden Seiten und an der schmalen Vorderfront steil abfallende Rücken, wie man sie von den Schrammstein-Winterbergwänden sich in grosser Zahl nach N erstrecken sieht. Sie werden nicht an der Spitze, sondern in der Mitte am stärksten angegriffen, daher sind sie hier am schmalsten und niedrigsten; nur der hintere Teil des Rückens bewahrt die ursprüngliche Höhe, gegen die Mitte fällt er in einer steilen Stufe ab, aber auf der Spitze der Felswand erheben sich aus der unteren Terrasse häufig einzelnstehende Felspfeiler, welche der Verwitterung noch getrotzt haben. Unter Umständen können sich solche einzelne Felspfeiler noch lange erhalten, wenn der Kessel, welchem sie ihre Entstehung verdanken, schon weit zurückgewichen ist. Wie wir in kleinem Massstabe den Prebiskegel, die Katzenkirche bei Dittersbach u. s. w. auf diesen Vorgang zurückführten, so verdanken ihm in grösserem Massstabe das vordere und das hintere Raubschloss, der Rauschenstein, der Falkenstein und zahlreiche andere ihre Entstehung.

Andersartige Formen erzeugt die Berührung der Hinterwände der Kessel. In kleinstem Massstabe lässt sich dieser Vorgang am besten an dem Kleinen Bärensteine beobachten, der allerdings in einem anderen Teile der sächsischen Schweiz gelegen ist, in etwas grösserem zeigen ihn die auf der Ostseite des Grossen Zschand gelegenen Thorwalder Wände, und in wieder etwas grösserem die Schrammstein-Winterbergwände selbst. Die Annäherung zweier Kessel von entgegengesetzten Seiten, mögen dieselben einander genau gegenüberliegen oder auch etwas gegeneinander verschoben sein, verschmälert den Kamm immer mehr. Sobald die Annäherung soweit gediehen ist, dass die Verbindungslinie der beiden Kessel ganz von der Erosion ergriffen ist, geht mit der Verschmälerung eine Erniedrigung Hand in Hand. Die breiten Stellen sind daher zugleich die hohen, die schmalen die niedrigen, wie die Karte an den Schrammsteinwänden deutlich erkennen lässt. Geschieht der Angriff durch zahlreiche kleine Kessel, wie an den Thor-

---

[1]) Ganz entsprechende Verhältnisse schildert Dutton aus dem Coloradogebiet (Tertiary history bes. S. 258 ff.).

walder Wänden, so zeigt die Kammlinie ein ewiges auf und ab, welches
dem Wanderer in der Mittagsglut manchen Stossseufzer entlockt. Im
Vorrücken vergrössern sich einzelne Kessel und saugen die kleineren
Kessel auf (vgl. S. 307 [63]); wenn wir daher die Kessel auf der Nordseite der Schrammstein-Winterbergwände viel grösser und besser entwickelt finden als auf der Südseite, so ist das ein Beweis, dass die
Abtragung von der Kirnitzsch her viel grössere Fortschritte gemacht
hat als von der Elbe her, dass also die Elbe früher nicht etwa in
grösserer Entfernung floss und erst nachträglich an die Wände herangerückt ist.

Von der Kirnitzsch her führen uns eine Reihe kleiner Thälchen,
der Nasse Grund, der Heidematzengrund, der Münzbachgrund und der
Kleine Zschand, zu den Felsenkesseln hinauf, welche heute alle am
Hauptrücken liegen, während in der Nähe der Kirnitzsch nur noch
einzelne Steine vorhanden sind. Einst müssen dieselben mit jenen
Wänden zusammengehangen haben; noch heute kann man diesen Zusammenhang im Geiste wiederherstellen und damit eine deutliche Vor-
stellung gewinnen, wie die Abtragung und die Entstehung des heutigen
Reliefs durch die Anlage von Schluchten in dem ursprünglich beinahe
abflusslosen Gebiete bewirkt worden ist. Das Gebiet jedes dieser Kessel
zeigt die mehr oder weniger halbkreisförmige Gestalt, welche uns für
eine derartige Entwässerung und Erosion charakteristisch erschien.
Wo diese Gebiete einander am nächsten kommen und ihre Ausbildung
dadurch gehemmt wird, ist auch die Abtragung am weitesten gediehen.
Der ursprüngliche Kessel des Nassen Grundes lässt sich von der Hohen
Liebe über die Senke des Königsplatzes, wo von W her der Wenzels-
grund angreift, zu den Schrammsteinen und von da auf dem heutigen
Rücken entlang über den Carolafelsen zu den Affensteinen verfolgen.
Der Kessel des Heidematzengrundes zieht sich von den Affensteinen
zum Kleinen Winterberg und von da durch den Vorderen Wildsteiner
Wald zum Heidematzenstein. Der Kessel des Münzbachgrundes ist
viel kleiner, er zieht sich vom Heidematzenstein zum Hinteren Wildsteiner Wald und zum Kuhstall zurück. Die Erhaltung der grossen
Felsgruppe des Kuhstalles und Hausberges ist durch die starke nördliche Ausbiegung der Kirnitzsch bedingt. Im Kleinen Zschand macht
sich die südnördliche Richtung schon etwas stärker geltend; namentlich nach W ist die Ausdehnung seines Gebietes unbedeutend, die Abtragung weit fortgeschritten, weil von hier der Heidematzen- und
Münzbachgrund entgegenwirkten. Die Felswände reichen vom Kleinen
Winterberg bis zum Hinteren Raubschloss und schliessen den schönen,
S. 308 [64] beschriebenen, Felskessel ein. Vom Hinteren Raubschloss
führt uns die breite Senke der Knurre zu den Lorzensteinen hinüber.

Von der zusammenhängenden, 4—500 m hohen, Sandsteintafel,
welche ursprünglich diese Gegend einnahm (vgl. S. 284 [40]), sind also nur
noch der mehr oder weniger breite Rücken der Schrammstein-Winterbergwände und einige isolierte Felsgruppen vorhanden; der Rest ist durch
die Verwitterung und Erosion zerstört worden. Wo die Felskessel
einander berührten, sind gewellte Platten von 250—270 m Meereshöhe
entstanden, welche infolge ihrer ebenen Gestalt nur noch unbedeutende

Wässerchen entsenden, so dass der untere Teil jener alten Kesselschluchten fast einen Grundcharakter angenommen hat.

Der Grosse Zschand trug von vornherein mehr den Charakter eines Thales, denn während sein Gebiet im Mittel nur 2 km breit ist, besitzt es eine Länge von 7 km, und dabei begleiten ihn südlich von Webers Schlüchten die hohen Felsen der 450 m hohen Platte in einem Abstande von nur 150 m. Auch bei den grösseren Nebenschluchten der Südseite herrschte die Längenerstreckung von Anfang an vor, während wir auf der Nordseite nur unbedeutendere Kessel finden. Es muss hier schon auf jener Platte ein stärker ausgesprochener Abfluss in nördlicher Richtung bestanden haben, der vermutlich auf der etwas grösseren Neigung der Schichten und der ursprünglichen Oberfläche, möglicherweise auch auf der Existenz eines voroligocänen Thales beruht. Im südlichen Teile hat die Erosion erst geringe Fortschritte gemacht, nördlich vom Zeughause hat dagegen die Berührung mit dem Kleinen Zschand auf der einen, die Nähe der Kirnitzsch auf der anderen Seite, die Abtragung weiter fortschreiten lassen. Hier sind daher auch die Nebenschluchten nicht mehr so zahlreich, welche dem oberen Teile des Zschand einen so eigentümlich zerrissenen Charakter verleihen (vgl. S. 328 [84]).

Oestlich vom Grossen Zschand werden die Schluchten und Thäler wieder kleiner, weil die Kirnitzsch stark nach S ausgreift und sich dadurch dem Südrande der Wand nähert. Es ist nicht nötig, diese Schluchten ebenso eingehend zu betrachten; zu einer solchen Betrachtung würde uns auch die kartographische Grundlage fehlen, weil die österreichische Generalstabskarte für solche Zwecke nicht genügend, und die Darstellung der österreichischen Grenzgebiete auch auf der sächsischen Karte mangelhaft ist.

Wir wenden uns zu der der Elbe zugekehrten Südseite der Schrammstein-Winterbergwände. Wir haben bereits gesehen, dass diese Südseite viel schmaler ist als die Nordseite und, nach der Form der Kessel zu urteilen, auch immer viel schmaler gewesen ist, dass also die Erosion von der Elbe her, trotz der tieferen Lage derselben, langsamere Fortschritte als von der Kirnitzsch her gemacht hat. Die Ursache kann nur in einer geringen nördlichen Neigung der Schichten und der ursprünglichen Oberfläche liegen, welche zwar im allgemeinen nicht genügend war, um das Wasser in grösseren Abflussrinnen zu sammeln, aber die Erosion in der S. 304 [60] angegebenen Weise so nachdrücklich beeinflusste. Nur an wenigen Stellen ist die heutige Wasserscheide etwas näher an die Kirnitzsch herangerückt. Das nördliche Eingreifen des Zahnsgrundes ist wohl dadurch bedingt, dass die Kirnitzsch hier in dem Granit eingeschnitten ist und dass der Granit der Erosion verhältnismässig grossen Widerstand leistet. Dem Heringsgrund kommt der gleiche Umstand zu statten, denn er liegt gerade der grossen nördlichen Ausbiegung der Kirnitzsch ins Granitgebiet bei der Lichtenhainer Mühle gegenüber. Dazu kommt, dass die auf dem Basalt des Winterberges entspringenden Quellen sein Einschneiden begünstigt haben. Der durch seine Basaltdecke geschützte Grosse Winterberg selbst tritt beträchtlich über die Wand hinaus, während unmittelbar östlich von ihm die Dürre Biele besonders tief in dieselbe einschneidet. Die Felswand tritt von hier an etwas weiter von der Elb-Kamnitzlinie zurück, um erst bei Dittersbach i. B. beinahe unter einem rechten Winkel wieder vorzuspringen. Zugleich ist sie hier mehrfach durch tiefe passartige Einschnitte unterbrochen; am oberen Ende des Grossen Zschand liegt der Ziegenrücken in 345 m, während die benachbarten Höhen sich bis zu 460 m erheben; am oberen Ende des Müllergrundes ist der Rücken bis zu 350 m und an der Böhmerstrasse bis zu 300 m eingetieft; man hat fast den Eindruck, als ob das eigentliche Quellgebiet der nördlich gerichteten Gründe nachträglich abgeschnitten worden wäre. Den Südrand bilden heute die kleinen Längsthälchen der Langen Biele und des Soorgrundes; zur Glacialzeit erstreckte sich dagegen möglicherweise eine zusammenhängende, das Thal des Kreibitzflusses bildende Terrasse über Reinwiese bis Hohenleipa in die Gegend von Dittersbach. Zwischen Hohenleipa und Dittersbach greifen zwei grosse Kessel von S her in die Felswand ein; noch etwas weiter kommt selbst der bedeutende Kreibitzfluss von Osten her, ein Beweis, dass der Einfall des Sandsteins hier nicht mehr zur westöstlich verlaufenden Strecke der Granitgrenze hin, sondern von der nordsüdlichen Strecke ab gerichtet ist.

Die nördliche Thalseite der Kirnitzsch ist natürlich ebenso wie die nördliche Thalseite der Elbe verhältnismässig wenig angegriffen worden. Freilich besteht dieselbe nur östlich von Saupsdorf überhaupt noch aus Sandstein, westlich dieses Dorfes drängt sich die Kirnitzsch nahe an den Granit und greift an zwei Stellen sogar in denselben über. Zwischen der unteren Sebnitz und der Polenz, welche wie die Kirnitzsch der Granitgrenze parallel gerichtet sind, einerseits und dem Granite andererseits tritt dagegen von neuem eine schmale, aber wenig angegriffene Sandsteinzone auf, die im ganzen eine Platte von 340 m Höhe bildet und sich nur unmittelbar am Granitrande höher erhebt. Bei Hohnstein tritt dieselbe aufs rechte Ufer der Polenz über, ist am Granitrande entlang bis jenseits Dittersbach i. S., zuletzt allerdings nur noch in einzelnen Kuppen, erhalten und erstreckt sich in südlicher Richtung mit unbedeutenden Unterbrechungen bis zur Bastei (315 m) und über die Elbe hinüber bis zu den Bärensteinen (328 und 338 m).

Mag man nun diese Platte als ursprüngliche Oberfläche oder als ein Denudationsprodukt auffassen, jedenfalls hat sie zwischen Rathewalde und der Bastei nur eine geringe Zerstörung erfahren. Die Ursache dafür liegt in dem Fehlen eines dem Kirnitzschthale entsprechenden Längsthales, das wieder in der beinahe vollständigen Horizontalität des Bodens oder stellenweise sogar einer ganz schwachen südlichen Neigung desselben seinen Grund hat. Die Gegend zwischen Schandau und Dittersbach hat genugsam unseren theoretischen Schluss bestätigt, dass die Abtragung nur in der Richtung der Schichtenneigung grössere Fortschritte machen kann. Die beiden kleinen Bäche, welche hier vom Granitrande nach S fliessen, der Amselbach und der Uttewalderbach, haben zwar ein ziemlich kompliziertes Abflusssystem geschaffen, aber die Erosion hat, bei der Kleinheit der Gewässer, besonders in jüngerer Zeit erst verhältnismässig geringe Fortschritte gemacht. Auch die Elbe hat nur einen glatten Einschnitt geschaffen, da die Felswände ziemlich steil bis zur Höhe der Platte ansteigen. Westlich vom Uttewaldergrunde ist diese Platte, von den Höhen unmittelbar am Granitrande abgesehen, nicht mehr vorhanden. Das Bachsystem des Uttewaldergrundes wird westlich von einer 240 m bis 250 m hohen Platte begrenzt, welche sich zu dem von Dorf Wehlen nach Mockethal herabziehenden Thale der Alten Poste und zu der zwischen Lohmen und Liebethal von E nach W verlaufenden Strecke des Wesenitzthales allmählich abdacht und beide in einer im Mittel 200 m hohen Thalterrasse erreicht. Bei der rechtwinkeligen Krümmung der Wesenitz oberhalb Lohmen tritt die 250 m hohe Platte unmittelbar an den Fluss heran und begleitet jenseits eines engen Durchbruchsthales als ein schmaler, allmählich auf 235 m sich senkender, Rücken auch dessen nördliches Ufer. Nördlich dieses Rückens ist der Kessel von Porschendorf wieder zu der 200 m hohen Thalterrasse der Wesenitz abgedacht, während dieselbe nördlich von Elbersdorf ein enges Thal zwischen den der höheren Platte angehörigen Bergen bildet.

Die Terrasse der Wesenitz verliert ihren Einfluss westlich einer ungefähr von Bonnewitz über Liebethal und Zatzschke nach Vogelgesang verlaufenden Terrainstufe, deren nördlicher Teil mit der Hauptstufe des Sandsteingebirges gegen den Dresdner Thalkessel zusammenfällt, während dem südlicheren Teile die niedrigere Sandsteinplatte von Copitz-Mockethal vorgelagert ist, die noch ein Stück gegen W vorspringt, aber dann ebenfalls rasch zur Ebene abfällt. In diese Copitzer Ebenheit finden wir eine flache Telle eingesenkt, die von der Mündung der Alten Poste in 150—160 m Höhe nach W zieht, während der heutige Abfluss dieses Thales nördlich von Mockethal nach S umbiegt und etwas oberhalb Pirna in die Elbe mündet. Der südlichste Teil dieser Ebenheit dacht sich gegen eine Linie ab, welche mit dem Elbthal zusammenfällt, bei Obervogelsang in 190—200 m, bei Pirna aber nur noch in 160 m Meereshöhe liegt.

Südlich legt sich an diese Linie eine andere Platte an, welche sich auf der rechten Seite des Gottleubathales bis zu den Nickelsdorfer Wänden hinaufzieht, und welche wir als die Struppener Ebenheit bezeichnen wollen. Auf der Südwestseite des Gottleubathales befindet sich wieder eine andere Platte, die Cottaer Ebenheit, welche aber niedriger als jene ist und von ihr durch eine im Mittel 80 m hohe Stufe getrennt wird. Bei der Krümmung des Gottleubathales östlich vom Cottaer Spitzberge verlässt die Stufe die Ufer dieses Flusses und zieht sich auf der Ostseite des langgestreckten Langhennersdorf zunächst bis zu dessen oberem Ende hinauf.

Die Cottaer Ebenheit zeigt, wenn wir von dem basaltischen Cottaer Spitzberge absehen, ein ganz regelmässiges Ansteigen in südlicher, später südsüdwestlicher Richtung, bis wir, nördlich des Städtchens Berggiesshübel, an einen Steilrand kommen, in dem der westliche Teil der hier ungefähr 350 m hohen Sandsteinplatte abbricht und die darunterliegenden krystallinischen Gesteine an die Oberfläche treten lässt. Der Sandstein ist weiter südlich nur noch in einzelnen Inseln vorhanden, deren letzte die des Sattelberges ist. Nur östlich des

Bahraflusses, des diesem zufliessenden Raitzaer und des nach S gerichteten Tyssaer Baches ist die Sandsteinplatte noch ziemlich zusammenhängend erhalten, im südlichen Teile einen ausgezeichneten Steilrand bildend. Die Platte setzt sich über das obere Bielathal ungestört fort; längs einer von Langhennersdorf über Rosenthal zum Schneeberg verlaufenden Linie biegen die Isohypsen jedoch unter spitzem Winkel nach NW um, um erst nach einer Weile wieder in eine östliche Richtung zurückzukehren, d. h. sie treffen hier ebenso wie unterhalb Langhennersdorf auf eine von NW nach SE streichende Stufe, welche hier aber weniger scharf ausgeprägt ist und sich nach SE allmählich auskeilt. Die Basis dieser Stufe liegt am Schneeberg ungefähr in 550 m und senkt sich von da beständig, wenn auch, wie es scheint, mit abnehmender Geschwindigkeit in nordwestlicher Richtung, so dass sie westlich Brausenstein in 390 m, am unteren Ende von Langhennersdorf in 300 m, am Kohlberg bei Pirna in 165 m Meereshöhe liegt.

Auch auf der Struppener Ebenheit finden wir einen sehr regelmässigen, östlich bis ostsüdöstlich gerichteten Verlauf der Isohypsen. Westlich von Vogelgesang finden wir die 290 m-Linie, vom Himmelreich nach dem südlichen Ende von Struppen zieht die 250 m-Linie, von Neundorf nach Hütten zu die 300 m-Linie und unmittelbar nördlich des Leupoldishainer Grundes finden wir 320—350 m. Die Regelmässigkeit des zwischen Pirna, Königstein und Leupoldishain gelegenen Dreiecks wird nur durch unbedeutende Tellen am Struppener und den beiden Thürmsdorfer Büchen gestört. Südöstlich des unteren Bielathales und der Leupoldishainer Schlucht dagegen ist die Ebenheit nur noch in Bruchstücken vorhanden. Zunächst sind durch die Kesselbildungen an den Quellen des Leupoldishainer Baches die Breite Heide, die Nickelsdorfer Wände und der Kegelstein abgelöst, wenngleich die Passhöhen, welche dieselben von der Hauptplatte und voneinander trennen, noch nicht mehr als 20 m eingeschnitten sind, dann aber folgt der tiefe Einschnitt des Bielathales, welches hier 150 m unter dem Niveau der Platte liegt. Jenseits desselben finden wir die Tafelberge des Quirl, Lampertstein, Müllerstein und Katzstein, die ihren Höhenverhältnissen nach als Fortsetzungen oder als nachträglich isolierte Teile der Platte erscheinen. Weiter südlich treten keine Steine mit plattenförmiger Oberfläche mehr auf, aber das Terrain steigt nach dem Fusse des Schneebergs hin ganz allmählich an, fast in derselben Regelmässigkeit und demselben Verhältnis, wie wenn sich die Platte hierher fortsetzte. Der Schneeberg, welcher eine nach NE geneigte, ziemlich ausgedehnte Tafel bildet, erhebt sich noch ungefähr 175 m über diese Platte. Weniger umfangreich, aber viel zahlreicher sind die Tafelberge, welche in der Nähe der Elbe auftreten. Dieselben bilden eine förmliche Zone, welche mit dem Lilienstein und Königstein im NW beginnt, den Zschirnsteinen, der Kaiserkrone und dem Zirkelsteine im SE endigt. Viele, namentlich der Königstein (360 m), Lilienstein (411 m), Pfaffenstein (428 m), Gorisch (448 m) und der Grosse Zschirnstein (500—560 m), stellen noch nördlich geneigte Tafeln dar, welche als Teile der ursprünglichen Oberfläche oder einer älteren Denudationsplatte (vgl. S. 284 [40] f.) anzusehen sind; bei anderen, besonders beim Zirkelstein (385 m), der

Kaiserkrone (357 m) und dem Wolfsberge (345 m), ist die Zerstörung viel weiter gediehen, finden wir verhältnismässig niedrige Kuppen mit gerundeter, unregelmässiger Oberfläche, noch andere mögen ganz verschwunden oder nur noch in einer ganz schwachen Anschwellung des Bodens vorhanden sein. Zwischen diesen Steinen finden sich vielfach Verebnungen, welche ihrer Höhe nach als Fortsetzungen jener oben besprochenen Strupppener Ebenheit erscheinen und besonders im S direkt mit derselben zusammenhängen. Dahin gehört zunächst ein Höhenrücken, der östlich von Pfaffendorf mit 325 m beginnt und nördlich von Papstdorf mit 360 m endigt. Die Isohypsen biegen hier aus der östlichen allmählich in eine südöstliche Richtung um. An der Elbe entlang ist von Krippen bis jenseits Schöna eine Platte von 280 m Höhe zu bemerken, von welcher, wenn wir uns die Thäler ausgefüllt und die wenigen Tafelberge entfernt denken, das Terrain ziemlich gleichmässig nach SW ansteigt, da es zwischen Wolfsberg und dem Kleinen Zschirnstein 330 m, östlich vom Grossen Zschirnstein 400 m, südlich desselben 430 m, also noch nicht ganz dieselbe Höhe wie am Katzstein, hat. Die Scheibenkoppe (495 m) bei Maxdorf stimmt mit den Höhen nördlich von Christianenburg und östlich von Rosenthal überein. Mit dieser selben südöstlichen Streichrichtung tritt die Platte auch auf das rechte Elbufer über. Höhen von 440 m treffen wir südöstlich von Rasseln, die 350 m-Linie zieht von Elbleiten über Arnsdorf zum Südfusse des Rosenbergs, Platten von 300—310 m treffen wir zwischen Dürrkamnitz und Kamnitz und teilweise auch nördlich der letzteren. Auch hier erheben sich eine Reihe Gipfel über die Platte, aber es sind grossenteils nicht Tafelberge aus Sandstein, sondern basaltische Kegel und Dome, welche teilweise in beträchtlicher Höhe kleine Sandsteinfetzen tragen (vgl. S. 276 [32] f).

Die verschiedenen Platten, welche wir eben kennen gelernt haben, haben seit ihrer Bildung eine sehr verschiedenartige Zerstörung erlitten. Der geringe Umfang und die grosse Regelmässigkeit der Struppener Ebenheit, verbunden mit der durch die Rathener Krümmung bedingten grossen Entfernung von der Elbe, haben hier nur wenige kleine Bäche mit geringer Erosionskraft zur Entfaltung kommen lassen. Aehnlich unversehrt finden wir den oberen Teil der Cottaer Ebenheit, dessen Abfluss, die obere Biela, merkwürdigerweise nicht im Gebiete der Cottaer Ebenheit bleibt, sondern bei Brausenstein die Langhennersdorfer Stufe durchbricht und in die Struppener Ebenheit übertritt. Oestlich der Biela ist diese viel mehr angegriffen worden; die Thäler sind hier nicht grundartig, sondern besitzen breite flache Gehänge (vgl. S. 327 [83]) und haben fast überall die Thätigkeit des spülenden Wassers eingeleitet, so dass wir namentlich im oberen Teile statt der breiten steilwandigen Platten grossenteils gewöhnliche verwaschene Rücken und Kuppen treffen. Die Ursache dafür liegt teils in der grösseren Meereshöhe, welche Regenmenge und Frostwirkung verstärkt, teils in der weicheren und thonigeren Gesteinsbeschaffenheit, teils in dem Auftreten der Plänerschicht an den Abhängen des Schneebergs, welche eine ganze Anzahl von Bächen entsendet. Nahe der Elbe finden wir die Zerstörung, wenigstens zwischen Krippen und Thürmsdorf, ziemlich weit vorgeschritten, in der Nähe des Cunnersdorfer Baches ist die Platte dagegen noch ziemlich gut erhalten, weil die Erosion auf der Seite der Schichtenköpfe nur langsame Fortschritte macht. Südlich dieses Längsthälchens führen uns eine Reihe Bäche zwischen erhaltenen Teilen hindurch in ein Gebiet, in welchem die Platte, der Flächenwirkung im Quellbereiche entsprechend, fast ganz verwischt ist. Dieses Gebiet reicht östlich bis an die Tetschener Elbe hinan. Es ist wohl eine Wirkung der geringeren Meereshöhe und auch eine mittelbare Wirkung der vielen Basaltberge, wenn die Platte auf dem rechten Ufer derselben noch besser erhalten ist.

Wie aber sind die Platten oder Ebenheiten entstanden, an deren Zerstörung Verwitterung und Erosion ihre Kräfte üben? Man könnte sie für Teile der ursprünglichen Oberfläche halten, welche durch Verwerfungen in diese verschiedene Lage gebracht worden seien. Indessen erheben sich der Schneeberg, der Königstein, Pfaffenstein, die Zschirnsteine u. s. w., einige Sandsteinkuppen gegenüber Stimmersdorf, der Rosenberg mit seinem Sandsteinlappen beträchtlich über die benachbarten Ebenheiten, und man müsste geradezu für jeden dieser Gipfel eine besondere Hebung erfinden, um die Ebenheiten als Bildungsoberfläche ansprechen zu können.

Eher könnten dieselben beim Rückzug des Kreidemeeres durch dessen zerstörende Thätigkeit entstanden sein. Wenn sich das Meer in Absätzen zurückzieht, bezw. das Land in Absätzen hebt, wenn die Pausen in der Rückzugs- bezw. Hebungsbewegung womöglich in schwache gegenteilige Bewegungen umschlagen, so können sich an den auftauchenden jungen Meeresabsätzen, ähnlich wie an steilen Felsküsten, Strandterrassen ausbilden; z. B. hat Darwin die Terrassen des östlichen Patagoniens als solche Strandterrassen aufgefasst. Dieselben werden der Küste ungefähr parallel verlaufen, sie werden um so niedriger liegen, je weiter wir uns von der Küste entfernen, und auch jede einzelne Terrasse wird eine sanfte Neigung nach dem Meere hin besitzen. Dass bei den Ebenheiten der sächsischen Schweiz meist umgekehrt eine Neigung nach den höheren Stufen hin vorhanden ist, könnte man allenfalls aus der sanften, in der Oligocänzeit erfolgten Schichtenaufrichtung erklären, aber das alte Kreidemeer hat sich höchst wahrscheinlich nach N zurückgezogen (vgl. S. 284 [40]), während die Stufen nach SW abfallen. Auch ist es nicht recht einleuchtend, dass die Ablagerungen des Kreidemeeres gleich beim Rückzuge desselben eine Steilküste gebildet haben und doch in verschwindend geringem Masse von den Agentien des Festlandes angegriffen worden sein sollten.

Dieselben Schwierigkeiten stehen jedem Versuche entgegen, die Ebenheiten durch eine jüngere Meeresbedeckung zu erklären, und sie werden noch dadurch vermehrt, dass Anzeichen einer jüngeren Meeresbedeckung ganz fehlen. Die marinen Ablagerungen der Oligocänzeit, in welcher der Meeresspiegel höher als in den übrigen Abteilungen des Tertiärs gelegen zu haben scheint, reichen nur bis an den Fuss des sächsischen Berglandes heran, die Tertiärbildungen des sächsischen Berglandes selbst und des nördlichen Böhmens sind nicht im Meere, sondern von Flüssen oder in Binnenseen abgelagert worden. Die Annahme eines bis in die sächsische Schweiz reichenden Diluvialmeeres, durch welches z. B. Gutbier noch einen grossen Teil der Oberflächenformen derselben erklärte, ist durch die neueren Glacialforschungen als ein Irrtum erwiesen worden. Auch auf die Erosion des von Skandinavien herüberreichenden Gletschers, welcher im Lehrgebäude der Geologie un die Stelle des Diluvialmeeres getreten ist. kann die Entstehung der Ebenheiten nicht zurückgeführt werden, denn abgesehen davon, dass dieselbe wahrscheinlich in frühere Zeit fällt, sind Gletscherablagerungen überhaupt nur auf dem unteren Teile derselben gefunden worden; auch widerstrebt die Bildung ebener Flächen durchaus dem Wesen des Gletschers.

Die Bildung der Ebenheiten und vielleicht auch der sie trennenden Stufen scheint also durch die gewöhnlichen Kräfte des Festlandes erfolgt zu sein. Auch in anderen Gegenden hat man Stufen und Verebnungen, für deren Bildung man früher die Meeresthätigkeit in Anspruch genommen hatte, jetzt als Werk der kontinentalen Erosion erkannt, ohne dass es jedoch, wie Tietze bemerkt, bereits ganz gelungen wäre, den Mechanismus dieses Vorganges zu zergliedern. Ramsay [1]) und andere englische und französische Geologen haben die binnenländische Natur der escarpments des Londoner und Pariser Beckens ausgesprochen, Neumayr hat seine Untersuchungen an die Stufen der Insel Kos und die grösseren Stufen des schwäbisch-fränkischen Jura angeknüpft [2]), Tietze wurde durch Steilränder in Galizien zur Erörterung des Problems veranlasst [3]), Zittel wies die Felswände der libyschen Wüste als Erzeugnis eines regenreicheren Klimas nach [4]), und Powell und Dutton haben die grosse Denudation des Coloradodistriktes auf das durch den Angriff der Verwitterung bedingte Zurückweichen der Klippen zurückgeführt [5]).

Schwere und Wind können bei dieser Abtragung nur eine verschwindend geringe Rolle spielen, die Fortschaffung des gelockerten Materials fällt vielmehr fast ausschliesslich dem fliessenden Wasser anheim. Man könnte geneigt sein, die Erklärung der Stufen und Ebenheiten in einem besonders von Gilbert [6]) entwickelten Prinzip zu suchen. Wenn der Lauf eines Flusses in einem System geneigter Schichten von verschiedener Härte liegt, so wird derselbe in den weicheren Schichten geringeren Widerstand finden als in den härteren und, statt in diese senkrecht einzuschneiden, schräg an ihrer Oberfläche herabgleiten können. Das Thalgehänge auf der Seite der Schichtenneigung würde in diesem Falle eine ganz regelmässig ansteigende, durch keine höheren Erhebungen unterbrochene Platte darstellen müssen, eine Bedingung, die jedoch in der sächsischen Schweiz kaum an einer Stelle erfüllt ist. Wie wir unmittelbar an der Kirnitzsch zahlreiche isolierte Steine finden, so tritt auch nahe an das Ufer der Elbe eine Zone von Tafelbergen heran; auf der Binsdorfer Platte finden wir ausser einigen kleineren

---

[1]) Ramsay, Physical Geology of Great Britain 3. ed. 1872, S. 108 ff.. 210 ff.
[2]) Erdgeschichte I, S. 444 ff. und an anderen Orten.
[3]) Jahrbuch der geol. Reichsanstalt 1882, S. 99 ff.
[4]) Zittel, Geologie der libyschen Wüste.
[5]) Dutton, Tertiary history etc. S. 62, 189 u. a.
[6]) Gilbert, Henry Mountains S. 134.

Sandsteinkuppen unmittelbar an der Kamnitz den Rosenberg und andere Basaltberge, auf der Cottaer Ebenheit ziemlich nahe an der Gottleuba den ebenfalls basaltischen Cottaer Spitzberg aufgesetzt. Jenes Hinabgleiten müsste sich auch beim Wiedererwachen der Erosion geltend gemacht haben, während wir in der That die meisten Thäler, von den Krümmungen abgesehen (vgl. S. 309 [65]), als mehr oder weniger senkrechte Einschnitte finden. Der Härteunterschied der Bänke in der sächsischen Schweiz ist also nicht genügend, um eine solche allmähliche Lagenveränderung der Flüsse im Sinne der Schichtenneigung und damit die Bildung von Platten und Stufen herbeizuführen.

Dieselbe war vielmehr ein Werk der kleineren, seitlich zufliessenden Bäche und Rinnsale. Schon die Analogie des Felsenrevieres zwischen Schandau und Dittersbach weist uns darauf hin, da wir die Zerstörung desselben ja ganz durch die Annäherung und Berührung der Felskessel bedingt sahen (vgl. S. 381 [87] f.). Auch in der zunächst angrenzenden Zone der Tafelberge können wir z. B. am Pfaffenstein und Gorisch den Kessel noch erkennen, durch welchen die Auflösung der alten Felswand in einzelne Steine geschah. Dass die Zerstörung hier so viel weiter gediehen ist, ist eine Folge der stärkeren Neigung der ursprünglichen Oberfläche und der Schichten; konnte die schwache Schichtenneigung des rechten Elbufers der Abtragung der Schrammstein-Winterbergwände nach der Kirnitzsch hin einen so bedeutenden Vorsprung vor der Abtragung auf der Elbseite gewähren, so musste die Abtragung auf der Südseite der Elbe und wieder auf der Südseite des Cunnersdorfer Baches bei der hier vorhandenen stärkeren Schichtenneigung erst recht bedeutend sein. Daher kommt es, dass wir den Pfaffenstein, Gorisch u. s. w. viel näher am Cunnersdorfer Bache als an der Elbe liegen sehen, und dass der Schneeberg so nahe an den böhmischen Steilabfall gerückt ist.

Platten werden aus dieser Zerstörung der Felswände freilich nur dann hervorgehen können, wenn der Fluss oder See, dem die Gewässer der Gegend zufliessen, für längere Zeit mehr oder weniger dieselbe Lage behält. Denn solange der Hauptfluss einschneidet, werden es auch die Nebenflüsse thun; es werden tiefe Thäler eingeschnitten, ohne dass die Verwitterung gleichen Schritt damit halten kann, kurz es wird ein Landschaftsbild geschaffen, wie wir es heute in der sächsischen Schweiz verwirklicht sehen. Erst wenn das Einschneiden der Flüsse aus irgend einem Grunde zum Stillstand kommt, können sich die kleineren Gewässer bis zur selben Tiefe einschneiden, kann sich die Zerstörung, die zuerst nur in Linien geschah, auf immer grössere Flächen erstrecken.

Man hat das Ziel der Erosion in einer verhältnismässig stark gekrümmten Kurve, der sogen. Erosionsterminante oder dem base level of erosion, erblicken wollen, aber wir sahen (vgl. S. 186), dass diese Kurve thatsächlich nur solange eine wirkliche Terminante ist, als die Schuttzuführung durch die Verwitterung mehr oder weniger dieselbe bleibt. Von einem gewissen Momente ab, der in den Tafelländern bald nach der Einbeziehung des ganzen Gebietes in den Bereich des Abflusses eintritt, wird jeder Fortschritt der Erosion die Angriffsfläche der Verwitterung verkleinern, die Schuttbildung also vermindern und damit die Erosionsterminante verflachen, da ja eine gleiche Wassermenge bei geringerer Zuführung von Schutt ein geringeres Gefälle bedarf, um denselben fortzuschaffen. Mit der Erniedrigung der Felswände und Steine wird auch deren Fusskegel kleiner und kleiner. Aber die Abtragung schreitet weiter, bis sich schliesslich kein freier Felsblock mehr der Verwitterung darbietet, das Gefäll dem Wasser nicht mehr die Mitführung fester Bestandteile gestattet, ja das Wasser selbst wieder, ähnlich wie auf der ursprünglichen Oberfläche, grossenteils in den Boden einsickert. Nirgends braucht eine solche durch die kontinentale Erosion geschaffene Platte grössere Anhäufungen von lockerem Detritus zu zeigen, wie Richthofen (Führer S. 671) meint; das wird nur in trockenen Gegenden der Fall sein, in regenreicheren Ländern zerstört das von der Felswand abfliessende Wasser bei der Zurücklegung derselben selbst den vorher gebildeten Schuttkegel (vgl. S. 301 [57]) und führt den Schutt den Flüssen und Bächen zu, die ihn im Meere oder im Tieflande ablagern, so dass Felsplatten das Ergebnis einer lang andauernden Zerstörung bei unveränderter Erosionsbasis sind.

Allerdings ist der Verlauf der Isohypsen auf der Cottaer und Struppener Ebenheit auffallend geradlinig. Wenn in dem Gebiete zwischen Kirnitzsch und Elbe die Abtragung vor der Neueinleitung der Erosion vollendet worden wäre, so würden die Isohypsen vielleicht stärkere Ausbiegungen zeigen. Auf dem linken Elbufer mag die Anordnung der Wasserläufe infolge der grösseren Schichtenneigung eine regelmässigere gewesen sein, die vorhandenen Vertiefungen wurden durch Kies, Sand und Lehm ausgefüllt, die Ausbiegungen der Isohypsen, welche erhalten blieben, wiesen der jüngeren Erosion den Weg und sind darum schwer von deren Wirkungen zu unterscheiden.

Man hat zur Erklärung der Platten und Stufen besonders auf den Wechsel verschiedener Gesteinsgruppen, die der Zerstörung einen grösseren oder geringeren Widerstand entgegensetzen, und auf die Zunahme der Erosion mit der Meereshöhe hingewiesen, so dass jede Schicht gleichsam ein Normalniveau besitze, bis zu welchem sie aufragen könne. Sicher kommen diese Umstände für die Erklärung der Stufen im schwäbischen Jura und ähnlichen Gebirgen in hohem Grade in Betracht. Auch in der sächsischen Schweiz haben sie einen gewissen Einfluss; bei der Goldenen Höhe u. s. w. setzt nur der untere Quader den Steilabfall zusammen, während der Pläner erst weiter nach Dresden hin auflagert; an der Basis der Stufe, welche die Struppener von der Cottaer Ebenheit trennt, tritt meist die Plänereinlagerung zu Tage, und die Oberfläche der Cottaer Ebenheit wird von mittlerem Quader gebildet, aber im allgemeinen ist doch die sächsische Schweiz so einförmig zusammengesetzt, dass es sehr gewagt ist, Gesteinsverschiedenheiten einen weitreichenden Einfluss zuzuschreiben.

Aber auch wenn wir daran keinen Anstoss nehmen, müssen wir uns doch, wie Tietze besonders betont hat, über den Weg Rechenschaft geben, auf welchem das zerstörte Material fortgeschafft werden konnte. Es sind wesentlich zwei Fälle möglich: die Hauptentwässerungsader fliesst bezw. floss am Rande der Stufe entlang, so dass die Nebenbäche über die Platte hinabrieseln, oder der Hauptfluss fliesst mehr oder weniger senkrecht zu der Streichrichtung der Schichten, die Nebenbäche also mehr oder weniger parallel derselben. Im ersteren Falle, dem wir bei den das rechte Ufer der Kamnitz, der Elbe, des Cunnersdorfer Baches, der Gottleuba begleitenden Stufen begegnen, genügt die Schichtenneigung und Wasseranordnung zur Erklärung der Stufenbildung. Gesteinsverschiedenheit hat einen massgebenden Einfluss nur im zweiten Falle geübt, für welchen die Langhennersdorfer Stufe mit dem Durchbruch der Königsteiner Biela ein Beispiel zu liefern scheint. Aber da die Tyssaer Ebenheit von der Stufe aus nicht in sanften Wellen, sondern vollkommen gleichmässig ansteigt, und da die Basis der Stufe sich von der Biela aus nicht nach beiden Seiten, sondern nur nach SE hebt, nach NW aber zur Gottleuba senkt, da wir nordwestlich von Brausenstein in 380—390 m Höhe noch heute sumpfiges Terrain finden, wird der Verdacht in hohem Grade erregt, dass einst auch diese Stufe von einem Flusse begleitet wurde, der vom Schneeberg zur Gottleuba floss, und dass die Biela erst später diese Stufe durchschnitt und die Tyssaer Ebenheit anzapfte.

Auch die Stufe, in welcher sich die Lohmen-Wehlener Ebenheit aus der Copitzer Ebenheit erhebt, die Stufe, welche diese von dem Dresdener Thalkessel trennt und noch mehrere andere Stufen finden wir weder mit Flussläufen der Gegenwart verknüpft, noch fallen an ihnen Gesteinsunterschiede in die Augen, noch sind Verwerfungen daselbst konstatiert worden, so dass wir ihrer Bildung vorläufig ratlos gegenüberstehen.

XI. Perioden der Erosion.

Die Zerstörung der sächsischen Schweiz begann mit dem Momente, in welchem dieselbe über den Spiegel des Kreidemeeres auftauchte, und hat seitdem ununterbrochen bis zur Gegenwart fortgedauert, wenn schon das Mass und möglicherweise auch die Art der Zerstörung in verschiedenen Zeiten verschieden war, und zeitweise eine Anhäufung fremden Materials über die Zerstörung überwog.

Leider sind nur geringe Anhaltspunkte für die Chronologie dieser Zerstörungsgeschichte vorhanden. Eocäne und pliocäne Gebilde fehlen, soviel man weiss, im ganzen mittleren Deutschland, oligocäne und miocäne Ablagerungen sind zwar südlich und nördlich der sächsischen Schweiz, im nördlichen Böhmen und im sächsischen Flachlande, nicht aber in der sächsischen Schweiz selbst vorhanden. Die Basalte, welche an vielen Stellen den Quadersandstein durchsetzen, sind zwar in der Tertiärzeit entstanden, aber sind zum grossen Teile unterirdisch gebildet und erst infolge späterer Denudation ans Tageslicht gekommen (vgl. S. 276 [32] ff)., so dass ihr Auftreten keinen Anhalt für die Geschichte der Denudation gewährt.

Besser ist das Diluvium in der sächsischen Schweiz vertreten [1]). Aber gerade die charakteristischste Bildung desselben, der Geschiebelehm, ist leider noch nicht daselbst gefunden worden, und auch der Löss, der im Dresdener Thalkessel reichlich vorhanden ist, fehlt im Sandsteingebiete. Ausser Schottern, Sanden und einem plastischen Lehm finden sich nur die eigentümlichen, meist in einer sandigen Deckschicht regellos verstreuten Kantengerölle, welche man zwar geglaubt hat, für Bildungen des Gletschers oder der Gletscherwässer ansprechen zu dürfen, für welche aber eine andere Bildungsweise, nämlich durch den Flugsandschliff des Windes, immer wahrscheinlicher wird. Ausser einigen undeutlichen Rundhöckern mit Riesentöpfen am sogen. Riesenfuss zwischen Mockethal und Dorf Wehlen und bei Naundorf beweist uns nur das Vorkommen skandinavischer, baltischer und überhaupt weiter nördlich anstehender Gerölle, unter denen der Feuerstein am auffälligsten ist, dass der grosse skandinavische Gletscher der Eiszeit sich bis in die sächsische Schweiz erstreckte. Den Rand dieses Gletschers scheint ungefähr eine Linie gebildet zu haben, welche von Hohnstein über Königstein und den Cottaer Spitzberg nach Tharandt verläuft, denn in den südöstlich von dieser Linie auftretenden Geröllablagerungen sind keine nordischen und nördlichen Gesteine gefunden worden. Auch im westlichen Teile der sächsischen Schweiz treten diese gegenüber den einheimischen, von den Flüssen gebrachten, Gesteinen zurück, unter denen bald Lausitzer Granit, bald Sandstein und Basalt, bald erzgebirgische Gesteine überwiegen. Indessen lassen sich diese Schotterbildungen nur teilweise in Zügen verfolgen, welche einstigen Thälern entsprechen, sie sind im ganzen ziemlich regellos über die Ebenheiten verteilt, wie es die Stauung der Flüsse durch den Gletscher und der überall erfolgende Abfluss des schmelzenden Wassers mit sich brachte. Sie sind an keine bestimmte Höhe gebunden, sondern ziehen sich von einer Ebenheit auf die andere hinüber und von der Copitzer Ebenheit sogar in den Dresdener Thalkessel hinab. In den eigentlichen cañonartigen Thälern treten Gerölle und Sande nur ganz vereinzelt auf (bei Wehlen in 180 bis 190 m, bei Pötzscha in 160 m Höhe). Es wäre voreilig, an diese vereinzelten Geröllablagerungen die Folgerung zu knüpfen, dass die Thäler schon zur Glacialzeit bestanden hätten, denn jene Gerölle und Sande können ebensogut in späterer Zeit aus dem auf den Ebenheiten vorhandenen Kiesmaterial zusammengeschwemmt worden sein, wie ja auch die unteren lössbedeckten Schotterterrassen des Muldethales, obwohl sie nordische Gerölle enthalten, nicht der Glacialzeit angehören. Waren die Thäler in der Glacialzeit schon gebildet, so mussten sie ganz mit Schottern und Sanden ausgefüllt werden, damit die Ablagerung von Geröllen an ihrem oberen Rande möglich wurde. Es ist aber höchst unwahrscheinlich, dass die Schotter und Sande in den meisten Thälern spurlos wieder entfernt sein sollten, und dass ihre Ablagerung ohne eine Erweiterung der Thäler, ohne eine Zerstörung der cañonartigen Natur derselben hätte geschehen können (vgl. S. 329 [85]). Die

---

[1]) Vgl. Gutbier, Geognostische Skizzen S. 67 ff., Fallou, Grund und Boden des Königreichs Sachsen. Dresden 1868.

Verbreitung der Diluvialgerölle weist also darauf hin, dass die eigentlichen Thäler erst in postglacialer Zeit, also in einer Zeit gebildet wurden, in welcher der Mensch bereits in Deutschland lebte. Ein anderes Hilfsmittel für das Studium der Erosionsperioden geben die Thalterrassen ab, welche wir im allgemeinen bereits kennen lernten und nun eingehender betrachten wollen.

Der Boden der meisten Thäler erwies sich uns aus einem Wechsel steiler, enger und flacher, breiterer Strecken zusammengesetzt, und so wurde bereits die Vermutung ausgesprochen, dass diese Flachböden sich einst bis an die Mündung fortsetzten und dort in einen alten Thalboden der Elbe mündeten, und dass ein neues Einschneiden der Elbe auch ein Einschneiden der Nebenthäler zur Folge hatte.

Wir beginnen das nähere Studium dieser Thalprofile mit dem Wehlen-Uttewaldergrunde. Derselbe steigt von der Mündung bis 150 m Meereshöhe ziemlich steil an (40 m auf 740 m, d. i. $1 : 18^{1}/_{2}$); darauf wird der Thalboden allmählich flacher; zwischen 170 und 200 m ist das Gefäll nur noch $1 : 65$. Setzen wir das mittlere Gefäll dieses Thalbodens weiter abwärts gleich $1 : 70$, so käme die Mündung in 150 m zu liegen. Bei 220 m beginnt ein neuer, viel steilerer, Anstieg, der bis 270 m andauert; da der Abstand dieser beiden Höhenlinien nur 480 m ist, ist das Gefüll $1 : 9^{1}/_{2}$.

Auch das Kirnitzschthal zeigt jenen alten Thalboden ziemlich deutlich. Oberhalb Hinter-Dittersbach, von 220 m Seehöhe an aufwärts, fanden wir daselbst einen flachen Thalboden, dessen Gefälle $1 : 250$ ist (vgl. S. 322 [78]). Denken wir uns dieses Gefälle nach unten fortgesetzt, so erhalten wir für das Auftreffen des Hinteren Thorwaldweges 225 m, für die Mündung des Grossen Zschand 212 m, des Kleinen Zschand 209 m, des Münzbaches 195 m, des Heidematzengrundes 190 m und für die Mündung in die Elbe 158 m Meereshöhe. Wenden wir dieselbe Methode der Berechnung auf die Nebengründe an, so ergeben sich für ihre Mündungen in die Kirnitzsch folgende Höhen: Hinterer Thorwaldweg 240 m, Grosser Zschand 220 m, Kleiner Zschand 210 m, Münzbach 190 m, und Heidematzengrund 180 m, also Höhen, welche mit den oben angegebenen nicht ganz, aber doch ziemlich gut übereinstimmen.

An der Kamnitz finden wir ein sanftes Gefälle ungefähr von der Mündung des Kreibitzflusses, also von derselben Stelle an, an welcher ein weites Wiesenthal an die Stelle des engen, unpassierbaren Thalschlundes tritt. Ihr unterster rechter Nebenfluss, die Lange Biela, zeigt dieselbe Terrasse von 180 m an aufwärts; dieselbe würde bei Fortsetzung des gleichen Gefälles die Kamnitz ungefähr in 160 m und mit derselben die Elbe in 158 m Seehöhe erreichen.

Auch im Thalboden der Biela ist eine deutliche Terrasse zu erkennen. Von der Mündung in die Elbe (114 m) bis zur $3^{3}/_{4}$ km entfernten Mündung des Cunnersdorfer Baches (159 m) zeigt die Biela ein geringes, nach oben allmählich zunehmendes, Gefälle, das im Mittel $1 : 83$ beträgt. Dann folgt aber zwischen 159 m und 210 m ein Gefäll von $1 : 23^{1}/_{2}$, zwischen 210 und 240 m von $1 : 33^{1}/_{2}$, zwischen 240 und 310 m von $1 : 46^{1}/_{2}$, zwischen 310 und 370 m von $1 : 68$ und von hier ab wieder eine allmähliche Zunahme des Gefälles, nämlich zwischen 370 und 405 m von 1:56, zwischen 400 und 430 m von 1:49 und zwischen 430 und 460 von 1:39.

Wenn wir der zwischen 159 und 310 m gelegenen Thalstrecke statt dieses heutigen mittleren Gefälles von 1:36 das Gefäll der oberhalb und unterhalb anstossenden Thalstrecken 1:70 geben, so erhalten wir für die Mündung des Cunnersdorfer Baches 232 m statt 159 m, für die Mündung des Leupoldishainer Baches 217 m und für die Mündung in die Elbe 187 m. Der Thalboden des Leupoldishainer Baches oberhalb 244,5 m entspricht dieser Terrasse, denn er würde die Biela zwischen 210 und 220 m erreichen. Auch der Boden des Pfaffendorfer Thälchens, der 1 km von der Elbe entfernt 212 m hoch ist, scheint dieser Terrasse anzugehören. An dem Cunnersdorfer Bache entspricht ihr möglicherweise die Gehängeterrasse, welche wir bei Cunnersdorf in 270—280 m, d. i. ungefähr 40 m unter der oberen Terrasse, angedeutet finden, während der flache Thalboden oberhalb der Mündung des Lampertsbaches, falls er nicht durch lokale Ursachen bedingt ist, einer tieferen, an der Biela nicht erkennbaren, Terrasse angehört.

Es ist nicht möglich, alle Thäler und Schluchten auf dieselbe eingehende Weise zu betrachten, ich muss mich begnügen, die Höhen zusammenzustellen, welche die Terrassen bei der Mündung in die Elbe besitzen. Um aber dem Leser die Beurteilung dieser Angaben zu ermöglichen, teile ich die Werte ohne Ausgleichung so mit, wie sie sich bei der Berechnung ergeben haben. Die grosse Mehrzahl der wesentlich im Aufriss der Thäler erhaltenen Terrassen kommt an der Elbe in die gleiche Meereshöhe zu liegen, denn die berechneten Werte ergeben für die Mündung der Wesenitz 145—150 m, des Struppener Baches 145—150 m, der Schlucht südöstlich von Pötzscha 140—150 m [1]), des Uttewaldergrundes 150 m, des Tümpelgrundes bei der Bastei 150 m, der Schlucht beim Grahlstein 150 m, des Thürmsdorfer Baches 165 m, der Grossen Hierschke bei Königstein 150—160 m, der Prossener Schlucht 150 m, des Rietzschgrundes 150—160 m, der Kirnitzsch 158 m, des Zahnsgrundes 157 m, der Kamnitz 158 m, der Dürrkamnitz 165—170 m über dem Meeresspiegel. Wir werden die wahre Höhe dieser Terrasse bei Pirna ungefähr 145—150 m, bei Herrnskretschen in 158 m setzen können, so dass sie dem heutigen Thalboden in einem Abstande von ungefähr 40 m parallel läuft. An einzelnen Stellen, z. B. bei Schandau und Herrnskretschen, finden sich in derselben Höhe auch deutliche Gehängeterrassen ausgebildet und geben uns eine Bestätigung dafür, dass wir diese Terrasse als einen alten Thalboden der Elbe betrachten dürfen.

Einzelne Längsterrassen kommen jedoch höher zu liegen. Wir hörten bereits, dass die Terrasse der Königsteiner Biela die Elbe in 180—185 m Meereshöhe erreicht, und die gleiche Höhe kommt dem Thalboden des Dorf-Wehlener Baches, der Schlucht südlich von Pötzscha, der Naundorfer Schlucht, dem Zahnsgrunde und dem Müllergrunde von Schöna bei ihrer Mündung in die Elbe zu. An der Dürrkamnitz finden

---

[1]) In der Höhe dieser Terrasse finden sich die S. 343 [99] erwähnten Gerölle.

wir eine Terrasse in 190—200 m, am Gelobtbach in 220 m und am Lehmischbach in 250 m. Es ist möglich, dass auch diese Terrassen wenigstens teilweise einen alten Thalboden bezeichnen.

Viel grössere Schwierigkeiten bereitet uns das Studium der höheren Terrassen, welche an wenigen Stellen den Thalboden bilden, sondern nur noch an den Gehängen zu erkennen sind. In dem horizontal geschichteten Sandsteine der sächsischen Schweiz kann die Verwitterung ähnliche Terrassen erzeugen, schmalere Flussterrassen werden bald nach dem Einschneiden durch die Verwitterung zerstört oder verhüllt, der obere Teil der Gehänge ist häufig bis zu einer gewissen Höhe hinab sanft abgedacht, so dass fälschlich der Schein tiefer gelegener Terrassen erweckt wird, vielfach haben Steinbrüche das Studium der ursprünglichen Natur unmöglich gemacht.

Bei Pirna und Copitz erscheint das Elbthal direkt in die Copitzer und Struppener Ebenheiten eingesenkt, die hier eine Höhe von 160 m besitzen und sich bis Ober-Vogelgesang ganz allmählich auf 200 m heben. An dieser Stelle bildet die Ebenheit des rechten Ufers eine steile, 40—50 m hohe, Stufe, und auch die Ebenheit des linken Ufers steigt, wenn auch mehr gleichmässig, zu dieser Höhe von 240—250 m an. An den Gehängen scheint in 200—210 m eine Terrasse ausgebildet zu sein. Bei Wehlen und Naundorf tritt dieselbe in voller Deutlichkeit und ziemlicher Breite hervor und lässt sich auch am Uttewalderbache aufwärts verfolgen, wo sie an der Mündung des Zscherregrundes 220 m, bei Uttewalde 230 m, an der Mündung des Schleifgrundes 240 m besitzt und hier mit dem obersten Thalboden des Längsprofiles verschmilzt. Auch bei Rathen und Weissig tritt diese Terrasse in 210—220 m auf, und vom Lilienstein über Waltersdorf bis an den Carolastein findet sie sich in mehreren, von niedrigen Sandsteinrücken unterbrochenen Zweigen, welche von glacialem Schotter bedeckt werden. Die Elbe scheint also damals nördlich vom Lilienstein vorbeigeflossen, die damalige Mündung der Biela also ein ganzes Stück unterhalb Königstein gelegen zu haben, womit es übereinstimmt, dass die Gehängeterrasse an der Biela etwas höher, nämlich in 230 m, liegt.

Wenn wir diese Terrasse an der Biela aufwärts verfolgen, so finden wir sie südwestlich der Festung Königstein in 240—250 m, östlich von Nikolsdorf in 270—280 m, westlich des Pfaffensteins, ungefähr an der Mündung des Cunnersdorfer Baches, in 280—290 m ausgebildet. Zwischen Bernhardstein und Eichberg liegt sie in 290—300 m, bei Hermsdorf in 320 m, bei Brausenstein in 340—350 m, und auf dieselbe Höhe weist ein alter Thalboden des hier mündenden Rosenthaler Baches hin. Am Cunnersdorfer Bach ist sie besonders am rechten Thalgehänge mit einem ziemlich geringen Gefälle zu verfolgen, da sie bei der grossen Wendung des Thales nach S erst in 310—320 m Höhe, also kaum 30 m höher als an der Vereinigung mit der Biela liegt. Von hier steigt sie rascher an und tritt an der Vereinigung von Fuchsbach und Taubenbach in 390 m, am Fuchsbach westlich vom Hühnerberge in 420 m, nordöstlich des Schleusenhauses in 430 m auf. Diese Terrasse der Biela, welche offenbar mit jener des Uttewaldergrundes zusammengehört, ist uns besonders deshalb interessant, weil sie, namentlich bei

Nikolsdorf, ihre Einsenkung in die Struppener Ebenheit mit grosser Deutlichkeit erkennen lässt.

Kehren wir zur Elbe zurück und folgen derselben weiter aufwärts, so kommen wir zunächst an die Mündung der Lachsbach. d. h. der vereinigten Polenz und Sebnitz. Hier ist in 210 m eine Terrasse zu erkennen, welche an der Polenz weiter oberhalb ziemlich verschwindet, an der Sebnitz dagegen nördlich von Altendorf in 240 m, bei Ulbersdorf in 260 m, bei Hofhainersdorf in 280—290 m aufzutreten scheint. Bei Rathmannsdorf hebt sich dieselbe ziemlich scharf von der 30 m höheren, also 240 m über dem Meeresspiegel gelegenen, Ebenheit ab, welche mit Schotter und Lehm bedeckt ist.

Die Ebenheit von Rathmannsdorf gehört zweifellos mit der gleich hohen und von dem gleichen Lehm bedeckten Ebenheit von Ostrau zusammen. dagegen lässt sich die tieferliegende Terrasse der Kirnitzsch hier nicht mit Sicherheit erkennen. Weiter aufwärts finden wir dieselbe jedoch an der Mündung des Nassen Grundes in 240 m, an der Mündung des Kleinen Zschand in 270 m, nördlich vom Heulenberg in 280—290 m (hier scheint auch eine tiefere Terrasse in 260 m), auf der Rapinzenwiese südlich von Saupsdorf in 310 m und am Schwarzen Thor in 340 m ausgebildet, woraus wir für ihre Mündung auf eine Höhe von 220 m schliessen können.

Auch an der Kamnitz fällt die entsprechende Terrasse erst ein gutes Stück oberhalb ihrer Mündung in die Augen, da wir sie bei Stimmersdorf in 260 m, nordwestlich von Kamnitzleiten in 275 m, bei Hohenleipa in 290—295 m Meereshöhe finden. Dies Gefälle weist auf eine Höhe von 230 m an der Elbe hin.

Es ist auffallend. dass diese Terrasse an den Gehängen der Elbe oberhalb Wendischführe nirgends mit einiger Deutlichkeit ausgesprochen ist. Am rechten Ufer folgt auf die Platte von Ostrau mit einem stufenförmigen Absatz eine im Mittel 280 m hohe Platte, welche den Fuss der Schrammstein-Winterbergwände begleitet. Am linken Ufer finden wir die Ebenheit von Gorisch mit 230—240 m, die Ebenheit von Kleinhennersdorf mit 250—260 m, die Ebenheit von Reinhardsdorf und Schöna mit 270—280 m, also mit Höhenverhältnissen, welche im ganzen, aber nicht genau, denen der gegenüberliegenden Thalseite entsprechen. Zwar zeigen diese Ebenheiten nach der Elbe hin vor dem jähen Absturz zunächst meist eine sanfte Abdachung, aber der Rand derselben, welcher stellenweise mit Diluvialgeröllen bestreut ist, liegt gegenüber Prossen in 220—230 m, gegenüber Schandau in 230—240 m und bei Schöna in 240—250 m Meereshöhe, also 10—20 m höher als wir die Mündungsterrasse der Lachsbach, Kirnitzsch und Kamnitz durch Beobachtung oder Schätzung fanden. Oberhalb Herrnskretschen habe ich keine Andeutung einer Gehängeterrasse unter einer Höhe gefunden, die bei Elbleiten in 280 m, oberhalb Niedergrund in 320 m, westlich von Binsdorf in 360 m und bei Rasseln in 400 m liegt.

Es ist schwer, sich über diese Verhältnisse Rechenschaft zu geben. Anfangs glaubte ich, jene hochgelegenen und nach S rasch ansteigenden Andeutungen von Terrassen als Fortsetzungen der oben besprochenen, bei Wehlen in 210 m liegenden Terrasse deuten und daraus die Folgerung ableiten zu dürfen, dass bei der Bildung jener Terrasse an Stelle der Elbe nur ein kleiner Bach geflossen sei. Ich halte es auch jetzt noch für möglich, dass diese Folgerung der Wahrheit entspricht, zumal ich bei einer allerdings nur flüchtigen Wanderung durch das böhmische Mittelgebirge keine 90—100 m über der heutigen Thalsohle gelegene Terrasse gefunden habe. Aber die mangelhafte Ausprägung der Terrasse zwischen Schandau und Herrnskretschen und auch unterhalb Wehlen lässt es auch als möglich erscheinen, dass die Terrasse zwischen Tetschen und Herrnskretschen vorhanden war, aber bei dem tieferen Eingraben der Elbe und der damit verbundenen Rücklegung der Seitenwände verloren gegangen ist. Der Entscheid über diese wichtige Frage wird am ehesten durch eine genauere Untersuchung des Mittelgebirges zu gewinnen sein.

Die wichtigste Frage ist, ob diese Terrasse sowohl wie die tiefere, in 150—160 m liegende, Terrasse und eventuell auch die Terrasse von 180 m als einfache Erosionsterrassen oder als Ausfüllungsterrassen anzusehen sind. Wir haben uns bereits für die erste Alternative entschieden (S. 329 [85] f.), weil wir uns nicht denken konnten, dass die Ausfüllungsmasse so vollständig hätte entfernt und der Erosionscharakter des Thales bei der Ausfüllung so gar nicht hätte verwischt werden sollen. Man sieht die Bäche in die obere Terrasse eingeschnitten, aber grossenteils noch auf der unteren Terrasse verharren, die demnach jünger als die obere ist und dennoch meist aus festem Gestein besteht. Die obere Terrasse scheint demnach nicht älter als glacial sein zu können, aber auch wirklich glacial zu sein, da sich in der Gegend von Pirna ausgedehnte glaciale Schotterterrassen an sie anschliessen. Die Bildung der unteren Terrasse fällt also wohl erst in die zweite Abteilung der Quartärzeit, welche man als die Lössperiode bezeichnen kann.

Der jugendliche Ursprung des cañonartigen Elbthales ist ein neuer Grund (vgl. S. 310 [66] und 319 [75]) gegen die Annahme, dass er auf Spaltenbildung zurückzuführen ist. Wenigstens würde diese in quartärer Zeit gebildete Spalte nicht die Schwierigkeiten beseitigen, für welche sie Peschel zu Hülfe rief (vgl. S. 315 [71]). Es ergibt sich aber auch, dass die Bildung des heutigen Elbthales nicht gleichzeitig mit der Bildung der erzgebirgischen Bruchlinie erfolgt ist, da diese ja in oligocäner Zeit im grossen und ganzen vollendet war. Ebensowenig aber kann sie, wie Löwl will, mit dem Rückzuge des Tertiärmeeres in Verbindung stehen.

Warum die Erosionsthätigkeit der Elbe in der Quartärzeit von neuem energisch einsetzt, warum sie zwei grössere Unterbrechungen erlitt, muss noch dahingestellt bleiben. Die Untersuchung muss zunächst über weitere Gebiete ausgedehnt werden, um zu lehren, ob die Erscheinung in allgemeinen oder lokalen Ursachen ihren Grund hat. Die Bildung der oberen Terrasse scheint mit den Schotteranhäufungen der Glacialzeit im Zusammenhang zu stehen, die Bildung der unteren Terrasse war möglicherweise durch die Existenz eines Sees im Dresdener Thalkessel bedingt.

Die Ebenheiten sind jedenfalls älterer Entstehung als die beiden besprochenen Thalterrassen. Da die untere Terrasse bei Pirna fast in derselben Höhe wie die Copitzer und Struppener Ebenheit liegt, könnte man allerdings versucht sein, sie für zusammengehörige Bildungen zu halten. Aber man könnte sich schon schwer erklären, warum die Erosion in der gleichen Zeit hier eine so grosse, in der inneren sächsischen Schweiz dagegen eine so kleine Wirkung hätte ausüben sollen; entscheidend gegen diese Zusammenfassung aber ist die Thatsache, dass die obere Terrasse, welche doch sicher älter als die untere ist, selber erst später als die Ebenheiten gebildet wurde. Denn wir fanden sie an vielen Stellen, mit besonderer Deutlichkeit aber bei Wehlen, Rathmannsdorf und Nikolsdorf, in die Ebenheiten eingesenkt, und können andererseits in der Gegend von Pirna beobachten, dass Schottermassen, welche sich an jene Felsterrasse anschliessen, in grosser Mächtigkeit auf den Ebenheiten aufruhen. Diese waren in der Glacialzeit jedenfalls so gut wie fertig gebildet, da sie in so grosser Ausdehnung von glacialen Kiesen bedeckt sind, ja ihre Bildung scheint schon beträchtliche Zeit vorher vollendet gewesen zu sein, da eine Periode des Einschneidens sie von der eigentlichen Glacialterrasse trennt, und da die Ausbildung dieser Ebenheiten unendlich lange Zeiträume erfordert haben muss. Für eine nähere Bestimmung ihrer Bildungszeit aber habe ich keine Anhaltspunkte gefunden; ich kann nicht einmal angeben, ob dieselbe vor oder nach den grossen Dislocationen der Oligocänzeit erfolgte.

Bereits am Schlusse des vorigen Kapitels wurde betont, dass sich nicht alle Stufen aus den Verhältnissen erklären lassen, welche wir gegenwärtig übersehen können. Auch das Verhältnis der Ebenheiten zu den Thalterrassen bereitet Schwierigkeiten; denn wie war es möglich, dass die Elbe oberhalb Ober-Vogelgesang 90—100 m und dann 40—50 m über ihrem heutigen Spiegel floss, statt sich bis zum Niveau der Copitzer Ebenheit oder vielmehr noch tiefer bis zum heutigen Elbspiegel einzugraben?

Ich weiss keine befriedigende Antwort auf diese Frage zu geben. Sollten die Copitzer und die Struppener Ebenheit doch erst in der Glacialzeit entstanden sein? Sollten das Elbthal und seine Nebenthäler ihrer ganzen Form und manchen anderen Umständen zum Trotz doch bereits in der Tertiärzeit eingenagt und jene Thalterrasse bei einer Ausfüllung der Thäler geschaffen sein? Oder sind Verwerfungen vorhanden, die der Beobachtung bisher entgangen sind, und haben sich dieselben erst in der Glacialzeit gebildet? Oder kommen irgend welche andere Umstände in Betracht, auf welche die Forschung noch nicht genügend aufmerksam geworden ist?

Es scheint mir heute noch kaum möglich zu sein, den Bau und das Relief einer Landschaft vollständig zu erklären. Gerade je tiefer man in die Einzelheiten eindringt, um so mehr stellen sich Schwierigkeiten heraus. Man kann wohl durch kühne Hypothesen alle Schwierigkeiten heben, aber man läuft dann Gefahr, dass das prächtige Gebäude beim ersten Anstoss zusammenstürzt. Mir scheint es förderlicher zu sein, wenn man die Lücken der eigenen Untersuchung offen eingesteht und dadurch die Forschung anderer auf die Ergänzung und Berichtigung der gewonnenen Resultate hinlenkt.

XII. Die Individualität der sächsischen Schweiz.

Wie der Wanderer, der eine Landschaft auf viel gewundenen Wegen durchzogen hat, womöglich einen hohen Gipfel besteigt, von dem er dieselbe mit einem Blicke überschauen kann, so empfindet man auch am Schlusse einer wissenschaftlichen Untersuchung das Bedürfnis nach einem solchen Rückblick, da während derselben das Auge oft durch die verwirrende Menge der Einzelheiten gefangen genommen worden ist und das eigentliche Ziel aus den Augen verloren hat. Dieses Ziel unserer Untersuchung war, die Individualität der sächsischen Schweiz zu erkennen, soweit dieselbe in dem Gebirgsbau und der Oberflächengestalt begründet ist, und wenn wir dieses Ziel auch nicht ganz erreicht haben, so haben wir uns ihm doch so weit genähert, als es die Kräfte des Verfassers und der Stand der Wissenschaft erlauben. Darum ist für uns jetzt der Augenblick gekommen, uns die Bildungsgeschichte der sächsischen Schweiz noch einmal im Zusammenhange zu vergegenwärtigen.

Das älteste Ereignis, das wir einigermassen deutlich zu erkennen vermögen, ist die Bildung eines grossen, den Alpen zu vergleichenden Faltengebirges, das den grössten Teil von Deutschland in östlicher bis nordöstlicher Richtung durchzog und gerade in unserer Gegend nach Südosten umbog. Diese Faltungsbewegungen dauerten bis in die Mitte der Carbonzeit an; die produktive Kohlenformation und das Rotliegende sind nicht mehr wie die archäischen und älteren paläozoischen Schichten gefaltet, sondern haben nur noch Verwerfungen erlitten. Trias und Jura haben uns nur wenige Spuren hinterlassen; wahrscheinlich war unser Gebiet während dieser Perioden grossenteils Festland und erlitt durch die Atmosphärilien eine weitgehende Zerstörung. Nur aus der oberen Abteilung der Jurazeit sind an vereinzelten Stellen Meeresablagerungen vorhanden, welche ursprünglich weit verbreitet gewesen sein müssen, aber schon am Beginne der Cenomanperiode grossenteils wieder zerstört waren. Die untere Abteilung der Kreidezeit war eine Festlandsperiode, erst im Cenoman drang, wie an so vielen Stellen der Erde, das Meer vor, erreichte während des Turon seinen höchsten Stand und zog sich im Senon wieder zurück. Umfang und Grenzen dieses Kreidemeeres sind uns leider nicht genügend bekannt, indessen reichte dasselbe jedenfalls viel weiter als seine heute noch erhaltenen Sedimente; es hat den Anschein, als ob das Festland dieser Zeit im S lag, das Meer von N kam und sich nach N zurückzog.

In der Eocänzeit scheint der Meeresspiegel sehr tief gelegen zu haben, während des Oligocän dagegen drang das Meer wieder von N her vor, aber nur bis an den Fuss des sächsischen Gebirges heran, das gerade in dieser Zeit starke, wesentlich als Hebungen aufzufassende, Dislokationen erlitt. Diese Dislokationen erfolgten genau in demselben Sinne wie die paläozoischen Faltungen, d. h. sie gehörten im westlichen Teile unseres Gebietes der erzgebirgisch-niederländischen, im östlichen der sudetisch-hercynischen Richtung an. Im Erzgebirge wurde eine Keilscholle geschaffen, welche sich nach N sanft abdacht, nach S, teils in Brüchen, teils in einer Flexur, schroff abfällt; in dem Lausitzer Bergland stieg ein Horst empor. Die sächsische Schweiz mit dem Dresdener Thalkessel ist ein von NW nach SE gestrecktes Zwischenglied zwischen beiden, das an der Hebung des Erzgebirges nur noch geringen Anteil genommen hat, so dass seine Schichten geschleppt sind und einen nordöstlichen Einfall zeigen, das längs einer scharf ausgebildeten Verwerfungslinie hinter dem Lausitzer Bergland zurückblieb, ja teilweise von demselben überschoben wurde. Der Südrand wurde mit dem Erzgebirge zugleich aufgewölbt; basaltische und phonolithische Ergüsse bedeckten den Sandstein oder drangen von unten her in denselben ein, oft ohne das Tageslicht zu erblicken. Durch die Verbindung der erzgebirgischen und der sudetischen Bewegungsrichtung erfuhr die sächsische Schweiz eine Art Torsion, bei welcher der spröde Sandstein zerriss und sich ein ziemlich regelmässiges Netz von Losen oder Klüften bildete; dagegen ist es sehr fraglich, ob Verwerfungen im Inneren der sächsischen Schweiz vorhanden sind (vgl. Kap. 3—6). Schwache Bewegungen der Erde mögen bis zur Gegenwart fortdauern, im grossen und ganzen jedoch war der innere Bau der sächsischen Schweiz mit den grossen Dislokationen der Oligocänzeit gegeben. Die Bildungsgeschichte während der Miocän-, Pliocän- und Quartärzeit ist wesentlich eine Geschichte der Zerstörung des in jener Periode geschaffenen Felsengerüstes durch die Einwirkung von Wind und Wetter, Wasser und Eis. Diesen zerstörenden Einflüssen verdanken wir es, dass wir in der sächsischen Schweiz nicht einen unförmlichen Block, sondern eine bis in das einzelste gegliederte Landschaft vor uns sehen.

Vom Meere ist die sächsische Schweiz seit der Kreidezeit nicht wieder bedeckt worden; nur festländische Kräfte waren bei ihrer Modellierung thätig. Unter diesen stehen die Flüsse obenan, weil sie den Transport leisten und darum der Zerstörung den Weg weisen. Ueber die Verteilung der Wasserläufe in der Eocänzeit können wir uns nur undeutliche Vorstellungen machen; durch die Bewegungen der Oligocänzeit wurde im grossen und ganzen das heutige Flusssystem geschaffen, wenn auch einzelne Veränderungen in späterer Zeit stattgefunden haben. Die Streitfrage, ob die böhmische Elbe schon seit dem Rückzuge des Kreidemeeres die sächsische Schweiz durchfloss und diesen Lauf im Kampfe mit den Bodenbewegungen und vulkanischen Ausbrüchen der Oligocänzeit bewahrte, oder ob sie erst später den heutigen Abfluss aus Böhmen gewann, konnte von uns nicht mit Sicherheit entschieden werden.

Die Erosion ist in der sächsischen Schweiz, ihrem Tafellandcharakter entsprechend, durchaus rückläufig. Nur an dem Rande der Tafel ist das für Erosion nötige Gefälle gegeben, hier aber vereinigen sich starkes Gefälle und grössere Wassermenge, um den Fluss schnell bis zu der Tiefe einschneiden zu lassen, welche bei der Lage seiner Mündung überhaupt noch möglich ist. Allmählich schreitet die Erosion am Hauptfluss und an den einmündenden Nebenflüssen mit einer der Wassermenge derselben entsprechenden Schnelligkeit thalaufwärts. Aber nicht nur die Erosion muss von unten her eingeleitet werden, selbst ein reichlicherer Wasserabfluss kommt erst durch die Erosion selbst zustande. In den mehr oder weniger horizontalen Tafeln durchlässigen, von zahlreichen Klüften durchzogenen Sandsteins sickert der grösste Teil des Wassers in den Boden ein, und erst wenn die Sandsteinbänke von Thälern durchschnitten werden, rinnt das nahe dem Thalrande auftreffende Regenwasser zu ihm ab, tritt auf den Schichtenfugen Wasser zu Tage. Aber grössere Wassermengen spendet der Boden nur da, wo thonreichere Bänke den Sandstein unterbrechen, auf dem Vorhandensein der Pläuerschicht und einer anderen Thoneinlagerung beruht es grossenteils, dass das linke Elbufer sich so wesentlich von dem eigentlich typischen rechten Ufer unterscheidet und sich mehr dem Charakter anderer Mittelgebirge nähert. Aber der geringen Wassermenge entsprechend ist auch die Menge des zugeführten Schuttes gering, und da derselbe wesentlich aus Sand besteht, kann er von den Bächen mit verhältnismässig geringem Kraftaufwande transportiert werden; auch dadurch wird das Einschneiden in die Tiefe im Gegensatz zur Verbreiterung der Thäler begünstigt.

Trotzdem macht die Erosion nur in sehr langen Zeiträumen merkliche Fortschritte. Nur die Elbe hat die jüngste Thalterrasse vollständig durchschnitten, in den Nebenthälern bildet dieselbe noch auf grössere oder geringere Strecken den Thalboden, einige kleinere Bäche verharren in ihrem oberen Teile sogar noch auf der Terrasse der Glacialzeit (S. 346 [102]). Noch nirgends hat, unter dem Niveau der Ebenheiten, die Verwitterung, wenn wir darunter die Thätigkeit der kleineren, über grosse Flächen gleichmässig verteilten Rinnsale begreifen, so grosse Fortschritte machen können, dass die Thalform verloren gegangen wäre; die meisten Thäler des rechten Elbufers erinnern uns mit ihrer Enge und Steilwandigkeit noch ganz an die Cañons Nordamerikas.

Es ist von grosser Wichtigkeit für die Gestaltung der sächsischen Schweiz, dass die riesengebirgische Elbe und die Moldau auf die eine oder andere Weise einen Durchlass durch das böhmische Mittelgebirge gefunden haben, denn sonst würde nicht nur der Spiegel der Kamnitz-Elbe nach vollendetem Einschneiden beträchtlich höher liegen, das Einschneiden würde auch viel langsamer vor sich gegangen sein, die untere Terrasse würde vielleicht noch heute von Herrnskretschen aufwärts den Thalboden bilden, und jedenfalls würde derselbe bei sämtlichen Nebenflüssen beinahe von der Mündung ab auf dieser Terrasse liegen. Die sächsische Schweiz wäre durch keinen grossen Strom aufgeschlossen, aber sie wäre auch weniger zerrissen.

Einen ganz anderen Charakter trug die sächsische Schweiz am Schlusse der Tertiärzeit. Unendlich lange Zeit hatte, wie es scheint, der Austritt der Elbe aus unserem Gebiete ungefähr die gleiche Höhe bewahrt. Die Thalwände oder auch durch Verwerfung gebildete Wände waren durch die Kesselbildungen der Regenwässer weit zurückgelegt worden, so dass nur noch an wenigen Stellen eigentliche Thäler vorhanden, vielfach die Wände ganz verschwunden waren und grossen Felsplatten, Ebenheiten, Platz gemacht hatten, die einen stufenförmigen Aufbau zeigen. Derselbe ist wesentlich durch die Anordnung der Gewässer bedingt, von denen aus die Abtragung auf der Seite der Schichtenneigung viel grössere Fortschritte macht als auf der Seite der Schichtenköpfe; die Gesteinsbeschaffenheit dagegen scheint verhältnismässig geringen Einfluss zu üben, vielleicht sind einzelne Stufen durch Verwerfungen bedingt. Vielerlei Umstände wirken also zusammen, um der sächsischen Schweiz eine besondere, von anderen Gebirgen verschiedene, Individualität zu verleihen. Ihrem Bau nach ist sie ein Tafelland und unterscheidet sich dadurch auf das schärfste von allen Gebirgen, welche durch Faltung oder Verwerfungen oder durch vulkanische Ausbrüche eine Kammform zeigen; jene ragen über die Umgebung hervor, die sächsische Schweiz ist in dieselbe eingesenkt, so dass ihr die Gewässer von allen Seiten zuströmen; jene zeigen meistens langgestreckte, einander parallele Ketten, diese eine regellose Gruppierung von Felswänden und Tafelbergen; dort finden wir in jedem Winkel eine energische Thätigkeit von Erosion und Verwitterung, hier dringen dieselben nur ganz langsam nach innen vor. Viel grösser schon ist die Aehnlichkeit der sächsischen Schweiz mit Rumpfgebirgen, wie dem Erzgebirge, der Lausitz, dem rheinischen Schiefergebirge; denn sie hat mit denselben die plattenförmige Oberfläche und den rückläufigen Charakter der Erosion gemein. Aber die Platten sind dort nie ebene Tafeln, sondern sind stets sanft gewellt, so dass der Abfluss des Wassers von vornherein im ganzen Gebiete vorhanden ist, zumal diese Rumpfgebirge aus weniger durchlässigem krystallinischem Gesteine zu bestehen pflegen; die schiefe Lage der Schichten und der Mangel quaderförmiger Absonderung macht die Bildung steiler Felswände unmöglich; statt der engen Gründe und steilen Felswände finden wir breitere Thäler und sanftere Rücken. Von vielen Tafeln, wie dem schwäbischen Jura, ist die sächsische Schweiz durch ihre geognostische Einförmigkeit unterschieden: dort bringt der Wechsel härterer und weicherer Schichtensysteme durch den verschiedenen Widerstand, welchen dieselben der Erosion entgegensetzen, Stufen hervor, hier sind die Stufen wesentlich an die Flussläufe geknüpft (S. 341 [97]). Nur dem Sandstein mit seiner quaderförmigen Absonderung sind die Formen eigen, welche uns so sehr an menschliche Bauwerke erinnern. Ebenso wichtig wie der Einfluss der Gesteinsbeschaffenheit ist der Einfluss des Klimas; in einer regenlosen Wüste wie der Sahara werden die Felswände vollkommen von den Schuttmassen eingehüllt; in den Tropen überwiegt umgekehrt die Regenmenge und drückt die Schuttkegel herab (S. 303 [59]), aber die üppige Vegetation mildert die Schärfe der Formen; dieser mildernde Einfluss fehlt in heissen aber regenarmen Gegenden, wie dem Coloradogebiet, wo daher die Heimat der typischen Cañons ist. Nur andere Sandsteintafeln der gemässigten Zone können denselben physiognomischen Charakter wie die sächsische Schweiz besitzen. Trotzdem wird ihre Gestaltung eine ganz andere sein, weil die geographischen Bedingungen von Punkt zu Punkt wechseln. Wie anders sähe die sächsische Schweiz aus, wenn ihr die Elbe fehlte, wenn der skandinavische Gletscher diese Gegend nicht erreicht, wenn sie statt dessen vielleicht ein Meer überflutet hätte, wenn keine lange Periode der kontinentalen Flächenablagerung die Perioden des Einschneidens unterbrochen hätten!

Es liegt tief im Geiste des Menschen begründet, dass er jeden Gegenstand auf sich zu beziehen bestrebt ist. Eine naturwissenschaftliche Untersuchung gewinnt für ihn höhere Bedeutung, wenn sie auf die Stellung des Menschen in der Natur ein Streiflicht wirft. Auch das Studium der Erdoberfläche dient dem Studium der Menschheit, denn mit tausend Banden ist dieselbe an die Scholle geknüpft. Indem man die Natur einer Landschaft zergliedert, zergliedert man die Bedingungen, unter welchen der Mensch lebt und wirkt. Die wissenschaftliche Erkenntnis dieser Beziehungen, welche die letzte und höchste Aufgabe der Geographie bildet, erfordert ein ebenso eingehendes Studium wie die Natur an sich. Darauf müssen wir verzichten, wir müssen uns mit einigen Andeutungen begnügen, die sich aus dem Studium der Bodengestalt fast von selbst ergeben.

Die grössere Hälfte der sächsischen Schweiz ist mit Wald bedeckt, aus dem an vielen Stellen nackte Felsen hervorragen; in den engen Gründen findet sich die Fichte, auf einigen Basaltgipfeln kommen Laubholzwaldungen vor, im ganzen vermag der arme Sandboden nur die Kiefer zu ernähren. Am Ende des Mittelalters und in den ersten Jahrhunderten der neueren Zeit scheint dieser Wald durch den Menschen auf das erbärmlichste verwüstet worden zu sein, heute befindet er sich, dank der guten Forstverwaltung, in einem vortrefflichen Zustande; ohne Raubwirtschaft wird aus ihm ein reicher Ertrag gewonnen. Der Feldbau lohnt sich nur im unteren Teile der sächsischen Schweiz, wo nicht die Abtragung überwiegt, sondern das fortgeführte Material zusammengeschwemmt ist (vgl. S. 341 [97]), oder wo fremde Bodenarten, namentlich die Ablagerungen der Glacialzeit, die Oberfläche einnehmen; aber bei dem sandigen Charakter derselben bleibt der Ackerbau häufig noch dürftig genug. Durch dieses Ueberwiegen des Waldes kontrastiert die sächsische Schweiz auffallend gegen die Nachbargebiete, von denen nur der mit Diluvialsand bedeckte untere Teil der Lausitzer Platte ausgedehntere Waldungen trägt; auf grossen Strecken, namentlich zwischen Hohnstein und Kreibitz und zwischen Tyssa und Langhennersdorf, werden die Grenzen der sächsischen Schweiz durch einen schroffen Vegetationswechsel bezeichnet.

Den Bewohnern der sächsischen Schweiz stehen ausser Land- und Forstwirtschaft noch mehrere Nahrungsquellen zu Gebote. Das Gestein birgt zwar weder kostbare Erze noch die unentbehrliche Kohle; aber als Baustein und für Bildhauerarbeiten ist der .Quadersandstein gesucht, wird er weit elbabwärts verfrachtet. Das nicht sehr bedeutende Gewerbe knüpft sich an die Bearbeitung des Holzes und Steines an, erst in den letzten Jahren hat der Niedergang des Steinbruchbetriebes zu Strohflechterei u. dgl. Anlass gegeben. Eine sehr wichtige Rolle aber in dem wirtschaftlichen Leben der sächsischen Schweiz spielt der starke Fremdenverkehr; fast in jedem Orte bestehen Sommerfrischen, Schandau, die Schweizermühle, Obergrund sind besuchte Badeorte. Hunderte, wenn nicht Tausende finden durch das Gasthofwesen, durch Vermieten von Sommerwohnungen, als Führer und Kutscher Unterhalt.

Der Verbreitung des Feldbaues entsprechend liegen die meisten Dörfer auf den Ebenheiten im unteren Teile der sächsischen Schweiz.

Das Felsen- und Waldrevier zwischen Schandau und Dittersbach und der grosse Wald zwischen Königstein und dem Schneeberg sind fast unbewohnt. In den Gründen findet man nur einzelne Mühlen und Gasthäuser. Nur im Elbthale liegen eine Reihe kleiner Städte und Dörfer; die Dörfer sind die Wohnstätten der Steinbrecher und Schiffer, die Städtchen und grösseren Dörfer, Niedergrund, Herrnskretschen, Schandau, Königstein, Wehlen dienen dem Fremdenverkehr und der Ausfuhr der Landesprodukte. Etwas grössere Handelsbedeutung haben nur Bodenbach-Tetschen am Eintritt und Pirna am Austritt der Elbe aus der sächsischen Schweiz.

Die Elbe ist eine Hauptverkehrsstrasse zwischen Oesterreich und Böhmen auf der einen, Sachsen und dem nördlichen Deutschland auf der anderen Seite. Auf ihrem Rücken schwimmen grosse Mengen von Holz als Flösse bis ans Meer, tragen zahlreiche Schiffe böhmische Braunkohlen, böhmisches Obst, Holz, Steine u. s. f. nach Dresden und weiter; an ihrer Seite vermittelt einer der wichtigsten Schienenstränge den Schnellverkehr zwischen Dresden und Oesterreich. Ohne den Durchbruch der Elbe wäre die eingesenkte, für den Durchgang scheinbar bestimmte, Lage des Elbsandsteingebirges wirtschaftlich verloren gewesen, denn die tiefen, vielverzweigten Gründe der sächsischen Schweiz setzen dem Verkehr die grössten Hindernisse entgegen. Alle Strassen führen von hinten, von den Ebenheiten her, zu den Städten hinab, die Hauptstrassen nach Böhmen umgingen bis vor kurzem die sächsische Schweiz an ihrem südwestlichen und nordöstlichen Rande. Denn auch das Elbthal hat erst durch die Entwickelung der modernen Verkehrsmittel seine volle Bedeutung gewonnen. Erst für den Bau einer Eisenbahn lohnte es sich, die Felssprengungen und Schutzbauten auszuführen, welche die Anlage eines Verkehrsweges im Elbthale erfordert.

Sicher hat die Natur der sächsischen Schweiz auch auf die geschichtliche Entwickelung und auf den Charakter und das geistige Leben der Bewohner Einfluss geübt; aber dieser Einfluss ist viel zu fein, seine Erkenntnis viel zu schwierig, als dass sie sich wie eine reife Frucht vom Wege aus pflücken liesse.